当代儒师培养书系·教师教育系列

主 编 舒志定 李 勇

Appreciation of
Education Classics and Masterworks

教育经典与名著品赏

沈建民 主编

ZHEJIANG UNIVERSITY PRESS
浙江大学出版社

图书在版编目(CIP)数据

教育经典与名著品赏 / 沈建民主编.—杭州：浙江大学出版社，2018.4（2024.1重印）

ISBN 978-7-308-18003-0

Ⅰ.①教… Ⅱ.①沈… Ⅲ.①教育—文集 Ⅳ.①G4－53

中国版本图书馆 CIP 数据核字（2018）第 030940 号

教育经典与名著品赏

主编　沈建民

丛书策划	朱　玲
责任编辑	葛　娟
责任校对	杨利军　陆雅娟　闻晓虹
封面设计	春天书装
出版发行	浙江大学出版社
	（杭州市天目山路 148 号　邮政编码 310007）
	（网址：http://www.zjupress.com）
排　　版	杭州林智广告有限公司
印　　刷	广东虎彩云印刷有限公司绍兴分公司
开　　本	710mm×1000mm　1/16
印　　张	13
字　　数	180 千
版 印 次	2018 年 4 月第 1 版　2024 年 1 月第 3 次印刷
书　　号	ISBN 978-7-308-18003-0
定　　价	32.00 元

当代儒师培养书系
总　序

　　把优秀传统文化融入教师教育全过程，培育有鲜明中国烙印的优秀教师，这是当前中国教师教育需要重视和解决的课题。湖州师范学院教师教育学院对此进行了探索与实践。以君子文化为引领，挖掘江南文化资源，提出培养当代儒师的教师教育目标，实践"育教师之四有素养、效圣贤之教育人生、展儒师之时代风范"的教师教育理念，体现教师培养中对传统文化的尊重，昭示教师教育中对文化立场的坚守。

　　能否坚持教师培养的中国立场，这应是评价教师教育工作是否合理的重要依据，我们把它称作教师教育的"文化依据（文化合理性）"。事实上，在中国师范教育发轫之初就强调教师教育的文化立场，确认传承传统文化是决定师范教育正当性的基本依据。

　　19世纪末20世纪初，清政府决定兴办师范教育，一项重要工作是选派学生留学日本和派遣教育考察团考察日本师范教育。1902年，朝廷讨论学务政策，张之洞就对张百熙说："师范生宜赴东学习。师范生者不惟能晓普通学，必能晓为师范之法，训课方有进益。非派人赴日本考究观看学习不可。"[①]以

---

① 田正平：《传统教育的现代转型》，浙江科学技术出版社2013年版，第376页。

1903年为例,该年4月至10月间,游日学生毕业生共有175人,其中读师范者71人,占40.6%。[1]但关键问题是要明确清政府决定向日本师范教育学习的目的是什么。无论是到日本学习师范教育的学生,还是派遣教育考察团,目标都是为清政府拟定教育方针、教育宗旨。事实也如此,派到日本的教育考察团就向清政府建议要推行"忠君、尊孔、尚公、尚武、尚实"的教育宗旨。这10个字的教育宗旨,有着鲜明的中国文化特征。尤其是把"忠君"与"尊孔"立于重要位置,这不仅要求把"修身伦理"作为教育工作的首要事务,而且要求教育坚守中国立场,是传统中国道统、政统、学统在现代学校教育的传承与继续。

当然,这一时期坚持师范教育的中国立场,目的是发挥教育的政治功能,为清政府巩固统治地位服务。只是,这些"学西方开风气"的"现代性"工作的开展,并没有改变国家进一步衰落的现实。对清政府的"新学政策",引起了一批有识之士的反思、否定与批判,把"新学"问题归结为重视科技知识教育,轻视社会义理教育。早在1896年梁启超在《学校总论》中就批评同文馆、水师学堂、武备学堂、自强学堂等新式教育的问题是"言艺之事多,言政与教之事少",为此,他提出"改科举之制""办师范学堂"及"区分专门之业"等三点建议,尤其是他强调举办师范学堂的意义,否则"教习非人也"[2]。梁启超的观点得到军机大臣、总理衙门的认同与采纳,1898年5月,《筹议京师大学堂章程》中就明确要求各省所设学堂不能缺少义理之教。"夫中学体也,西学用也,两者相需,缺一不可,体用不备,安能成才。且既不讲义理,绝无根底,则浮慕西学,必无心得,只增习气。前者各学堂之不能成就人才,其弊皆由于此。"[3]很清楚,这里要求学校处理中学与西学、义理之学与技艺之学之间的关系,如果只重视其中一个方面,就难以实现使人成才的教育目标。

---

① 田正平:《传统教育的现代转型》,浙江科学技术出版社2013年版,第376页。

② 梁启超:《饮冰室合集·文集之一》,中华书局1989年版,第19—20页。

③ 朱有瓛:《中国近代学制史料》第一辑(上册),华东师范大学出版社1983年版,第602页。

其实，要求学校处理中学与西学、义理之学与技艺之学之间的关系，实质是对学校性质与教育功能的一种新认识，它突出学校传承社会文明的使命，把维护公共利益、实现公共价值确立为学校的价值取向。这里简要举两位教育家的观点以说明之。曾任中华民国教育部第一社会教育工作团团长的董渭川认为国民学校是"文化中心"："在大多数民众是文盲的社会里，文化水准既如此其低，而文化事业又如此贫乏，如果不赶紧在全国每一城乡都建立起大大小小的文化中心来，我们理想中的新国家到哪里去培植基础？"而这样的文化中心不可能凭空产生，"其数量最多、比较最普遍且最具教育功能者，舍国民学校当然找不出第二种设施。这便是非以国民学校为文化中心不可的理由"。① 类似的认识，也是陶行知推行乡村教育思想与实践的出发点，他希望乡村教育对个人和乡村产生深刻的变革，使村民自食其力和村政工作自有、自治、自享②，实现乡村学校是"中国改造乡村生活之唯一可能的中心"的目标。③

可见，坚守学校的文化立场，是中国教师教育的一项传统。要推进当前教师教育改革，依然需要坚持和传承这一教育传统。就如习近平总书记所说"办好中国的世界一流大学，必须有中国特色"，"世界上不会有第二个哈佛、牛津、斯坦福、麻省理工、剑桥，但会有第一个北大、清华、浙大、复旦、南大等中国著名学府。我们要认真吸收世界上先进的办学治学经验，更要遵循教育规律，扎根中国大地办大学"。扎根中国大地办大学，在人才培养中融入中国传统文化资源，培育具有家国情怀的优秀人才。

基于这样的考虑，我们提出把师范生培养成当代儒师，这符合中国国情与社会历史文化的发展要求。因为在中国百姓看来，"鸿儒""儒师"是对有文化、有德性的知识分子的尊称。当然，我们提出把师范生培养成当代"儒师"，不是要求师范生做一名类似"孔乙己"那样的"学究"（当然孔乙己可否

---

① 董渭川：《董渭川教育文存》，人民教育出版社 2007 年版，第 127 页。
②③ 顾明远、边守正：《陶行知选集》（第一卷），教育科学出版社 2011 年版，第 230 页。

3

称得上"儒师"也是一个问题，我们在此只是做一个不怎么恰当的比喻），而是着力挖掘历代鸿儒大师的优秀品质，作为师范生的学习资源与成长动力。

的确，传统中国社会"鸿儒""儒师"身上蕴含的可贵品质，依然闪耀着光芒，对当前教师品质的塑造具有指导价值。正如董渭川对民国初年当时广大乡村区域学校不能替代私塾原因的分析，其认为私塾的"教师"不只是教育进私塾学习的儿童，而应成为"社会的"教师，教师地位特别高，"在大家心目中是一个应该极端崇敬的了不起的人物。家中遇有解决不了的问题，凡需要以学问、以文字、以道德人望解决的问题，一概请教于老师，于是乎这位老师真正成了全家的老师"①。这就是说，"教师"的作用不只是影响受教育的学生，而是影响一县一城的风气。所以，我们对师范生提出学习儒师的要求，目标就是要求师范生成长为师德高尚、人格健全、学养深厚的优秀教师，由此也明确了培育儒师的教育要求。

一是塑造师范生的师德和师品。要把师范生培养成为合格教师，面向师范生开展师德教育、学科知识教育、教育教学技能教育、实习实践教育等教育活动。这其中，提高师范生的师德修养是第一要务。正如陶行知所说，教育真谛是"千教万教教人求真，千学万学学做真人"，因此他要求自己是"捧着一颗心来，不带半根草去"。

当然，对师范生开展师德教育，关键是使师范生能够自觉地把高尚的师德目标内化成自己的思想意识和观念，内化成个体的素养，变成是自身的自觉行为。一旦教师把师德要求在日常生活的为人处世中体现出来，这就反映了教师的品质与品位，是我们要倡导的师范生的人品要求。追求高尚的人格、涵养优秀的人品，是优秀教育人才的共同特征。这一点，不论是古代的圣哲孔子，还是后来的朱熹、王阳明等一代鸿儒，以及陶行知、晏阳初、陈鹤琴等现当代教育名人，在他们一生的教育实践中，始终保持崇高的人生信仰，恪守职责，爱生爱教，展示为师者的人格力量，是师范生学习与效仿的榜

---

① 董渭川：《董渭川教育文存》，人民教育出版社 2007 年版，第 132 页。

样。倡导师范生向着儒师目标努力，旨在要求师范生学习历代教育前辈的教育精神，培育其从事教育事业的职业志向，提升其贡献教育事业的职业境界。

二是实现师范生的中国文化认同。历代教育圣贤，高度认同中国文化，坚守中国立场。在学校教育处于全球化、文化多元化的背景下，更要强调师范生的中国文化认同问题。强调这一点，不是反对吸收多元文化资源，而是强调教师要自觉成为优秀传统文化的传播者，这就要求把优秀传统文化融入教师培养过程中。这种融入，一方面是从中国优秀传统文化宝库中寻求教育资源，用中国传统文化资源教育师范生，使师范生接触和了解中国传统文化，领会中国社会倡导与坚守的核心价值观，增强文化自信；另一方面是使师范生掌握中国传统文化、社会发展历史的知识，具备和学生沟通、交流的意识和能力。

三是塑造师范生的实践情怀。从孔子到活跃在当代基础教育界的优秀教师，他们成为优秀教师的最基本特点，便是一生没有离开过三尺讲台、没有离开过学生，换言之，他们是在"教育实践"中获得成长的。这既是优秀教师成长规律的体现，又是优秀教师关怀实践、关怀学生的教育情怀的体现。而且优秀教师的这种教育情怀，出发点不是"精致利己"的，而是和教育报国、家国情怀密切联系在一起的。特别是国家处于兴亡关键时期，一批有识之士，虽手无寸铁手、手无缚鸡之力，但是他们投身教育，或捐资办学，或开门授徒，以思想、观念、知识引领社会进步和国家强盛。比如浙江朴学大师孙诒让，作为清末参加科举考试的一介书生，看到日本侵略中国和清政府的无能，怀着"自强之愿，莫于兴学"的信念，回家乡捐资办学，他首先办的是瑞安算学馆，希望用现代科学拯救中国。

四是塑造师范生的教育性向。教育性向是师范生是否喜教、乐教、善教的个人特性的具体体现，是成为一名合格教师的最基本要求。教育工作是一项专业工作，这对教师的专业素养提出了严格要求。教师需要哪些专业素养,可以概括为很多条,说到底最基本的一条是教师能够和学生进行互动交流。因为教师课堂教学工作,实质上就是和学生互动的实践过程。教师能够和学生交流,既要求培养教师研究学生、认识学生、理解学生的能力,更要求培养教师对学生保持宽容的态度和人道的立场,成为纯净的、高尚的人,成为精神生活丰富的人,照亮学生心灵,促进学生的健康发展。

依据这四方面的要求,我们主张面向师范生开展培养"儒师"的教育实践,不是为了培养儒家意义上的"儒"师,而是要求师范生学习儒师的优秀品质,学习儒师的做人之德、育人之道、教人之方、成人之学,造就崇德、宽容、儒雅、端正、理智、进取的现代优秀教师。

做人之德。对德的认识、肯定与追求,在中国历代教育家中体现得淋漓尽致。舍生取义,追求立德、立言、立功三不朽,这是传统知识分子的基本信念和人生价值取向。对当前教师来说,最值得学习的德之要素,是以仁义之心待人,以仁义之爱弘扬生命之价值。所以,要求师范生学习儒师、成为儒师,既要求师范生具有高尚的政治觉悟、思想修养、道德立场,又要求师范生具有宽厚的人道情怀,爱生如子,公道正派,实事求是,扬善惩恶。正如艾思奇所说,要"天性淳厚,从来不见他刻薄过人,也从来不见他用坏心眼考虑过人,他总是拿好心对人,以厚道待人"[①]。

育人之道。历代教育贤哲都看重教育是一种"人文之道""教化之道",也就是强调教育要重视塑造人的德性、品格,提升人的自我修养。孔子就告诫学习是"为己之学",意思是强调学习与个体自我完善的关系,反对把学习第一目的确定为找到赚很多钱的工作,并且强调个体的完善,不仅是要培育德性,而且是要丰富和完善人的精神世界。所以,孔子相信礼、乐、射、御、书、数等六艺课程是必要的,因为不论是乐,还是射、御,其目标不是让人成为唱歌的人、射击的人、骑马的人,而是要从音乐节奏、韵律中领悟人的生存

---

① 董标、杜国庠:《左翼文化运动的一位导师——以艾思奇为中心的考察》;刘正伟:《规训与书写:开放的教育史学》,浙江大学出版社2013年版,第209页。

秘密,这就是追求人的和谐,包括人与周围世界的和谐、人自身的身心和谐,成为"自觉的人"。这个观点类似康德所言教育的目的是使人成为人。但是,康德认为理性是教育基础,教育目标是培育人的实践理性。尼采说得更加清楚,认为优秀教师是一位兼具艺术家、哲学家、救世圣贤等身份的文化建树者。[①]

教人之方。优秀教师不仅学有所长、学有所专,而且教人有方。这是说,教师既懂得教育教学的科学,又懂得教育教学的艺术,做到教育的科学性和艺术性的统一。古代中国圣贤推崇悟与体验,正如孔子所说"三人行必有吾师",所谓成为吾师的前提,是"行"("三人行"),也就是说,只有在人与人的相互交往关系中,才能有值得我们学习的资源。可见,这里强调人的"学",依赖我们的参与、感悟与体验。这样的观点在后儒那里,变成格物致良知的功夫,以此达成转识成智的教育目标。不论怎样理解与阐释先贤圣哲的观点,都必须肯定这些思想家的教人之方的人文立场是清晰的,这对破解当下科技理性主导教育的思路是有启示的,也为解释互联网时代教师存在的意义找到理由。

成人之学。学习是促进人的成长的基本因素。互联网为学习者提供寻找、发现、传播信息的技术手段,但是,要指导学生成为一名成功的学习者,教师应该是一名学习者,这需要教师保持强劲的学习动力、提升持续学习的能力。而学习价值观是影响和支配教师持续学习、努力学习的深层次因素。对此,联合国教科文组织在《反思教育:向"全球共同利益"的理念转变?》报告中明确指出教师对待"学习"应坚持的价值取向:教师需要接受培训,学会促进学习、理解多样性,包容,培养与他人共存的能力以及保护和改善环境的能力。教师必须促成尊重他人和安全的课堂环境,鼓励自尊和自主,并且运用多种多样的教学和辅导策略。教师必须与家长和社区进行有效的沟

---

① 李克寰:《尼采的教育哲学——论作为艺术的教育》,桂冠图书股份有限公司2011年版,第50页。

通。教师应与其他教师开展团队合作,维护学校的整体利益。教师应了解自己的学生及其家庭,并能够根据学生的具体情况施教。教师应能够选择适当的教学内容,并有效地利用这些内容来培养学生的能力。教师应运用技术和其他材料,以此作为促进学习的工具。联合国教科文组织的报告强调教师促进学习、加强与家长和社区、团队的沟通及合作。其实,称得上是中国儒师的学者,都十分重视学习以及学习的意义。《学记》中说"玉不琢,不成器;人不学,不知道";孔子也说自己是"十五而志于学",要求"学以载道";孟子更说得明白:"得天下英才而教育之,是人生之乐。"可见,对古代贤者来说,"学习"不仅仅是掌握一些知识,获得某种职业,而是为了"寻道""传道""解惑",为明确人生方向。所以,倡导师范生学习儒师、成为儒师,目的是使师范生认真思考优秀学者关于学习与人生关系的态度和立场,唤醒心中的学习动机。

基于上述思考,我们把做人之德、育人之道、教人之方、成人之学确定为儒师教育的重点领域,为师范生成为合格乃至优秀教师标明方向。为此,我们积极推动优秀传统文化融入教师教育的实践,取得了阶段性成果。首先,我们开展"君子之风"教育和文明修身活动,提出了"育教师之四有素养、效圣贤之教育人生、展儒师之时代风范"的教师教育理念,为师范文化注入新的内涵。其次,我们立足湖州文脉精华,挖掘区域文化资源,推进校本课程开发,例如"君子礼仪和大学生形象塑造""跟孔子学做教师"等课程已建成校、院两级核心课程,成为优秀传统文化融入教师教育的有效载体。第三,我们把社区教育作为传统文化融入教师教育的重要渠道。建立"青柚空间""三点半学堂"等师范生服务社区平台,该平台成为师范生传播优秀传统文化和收获丰富、多样的社区教育资源的重要渠道。第四,我们重视推动有助于优秀传统文化融入教师教育的社团建设工作。比如建立胡缓教育思想研究等社团,聘任教育史专业教师担任社团指导教师,使师范生在参加专业的社团活动中获得成长。这些工作的深入开展,对师范生开展优秀传统文化教育产生了积极作用,成为师范生认识国情、认识历史、认识社会的重要举措。而组织出版"当代儒师培养书系",正是学院教师对优秀教师培养实践理论探索的汇集,也是浙江省卓越教师培养协同创新中心浙北分中心、浙江省重点建设教师培养基地、浙江省"十三五"优势专业(小学教育)、湖州市重点学科(教育学)、湖州市人文社科研究基地(农村教育)、湖州师范学院重点学科(教育学)的研究成果。我们相信,"书系"的出版,将有助于促进学院全面深化教师教育改革,进一步提升教师教育质量。我们更相信,把优秀传统文化融入教师培养全过程,构建先进的、富有中国烙印的教师教育文化,这是历史和时代赋予教师教育机构的艰巨任务和光荣使命,值得教师教育机构持续探索、创新有为。

舒志定

2018 年 1 月 30 日于湖州师范学院

前　言

当我有幸申请到"教育经典与名著导读"这一通识教育核心课程的建设项目时，我就想编写一本用于教学的教材，并开始仔细琢磨起这一课程名称的内涵。经过反复推敲，我最终把它界定为有关教育的经典名言和教育名著两个方面，且将所编教材取名为"教育经典与名著品赏"。当然，这本教材更多涉及的是有关教育名著的品赏。

所谓"经典名言"，就是具有恒久时间穿透力，且具有恒定价值影响力的标杆性的言语。例如，《论语》中的"三人行，必有我师焉。择其善者而从之，其不善者而改之""工欲善其事，必先利其器"，《孟子》中的"富贵不能淫，贫贱不能移，威武不能屈""天将降大任于斯人也，必先苦其心志，劳其筋骨，饿其体肤"，《大学》中的"大学之道，在明明德，在亲民，在止于至善"，《中庸》中的"博学之，审问之，慎思之，明辨之，笃行之"，《学记》中的"玉不琢，不成器；人不学，不知道"。再如，陶行知的"千教万教教人求真，千学万学学做真人""捧着一颗心来，不带半根草去"，杜威的"教育即生活，学校即社会，从做中学"，卢梭的"大自然希望儿童在成人以前就要像儿童的样子""把成人看作成人，把孩子看作孩子"，苏霍姆林斯基的"使学校的墙壁也说话"等等。这些名言之所以可被称为经典名言,是因为它们经过时间的洗礼至今仍有教育价值和实际意义。

至于教育名著,我们先来看看大英百科全书董事会主席提出的衡量"名著"的 6 条标准:一是,名著是经久不衰的畅销书,而非畅销于一时;二是,名著是面向大众,通俗易懂,而不是为少数专业人士写的书;三是,名著不因时代变迁和政治、思想、原则的变更而失其价值;四是,名著言近旨远,隽永深刻,一页书的内容多于整本的其他著作;五是,名著有独到的见解,能言前人之所未言,言他人之所不敢言;六是,名著探讨了人类长期困惑、悬而未决的问题,并在某一方面取得突破性进展。

但我们认为,"名著"应区分为两大类:一类是各行各业的人士和广大人民群众雅俗共赏的名著;一类是各个专业领域中主要供专业人士阅读的名著。因为读者对象不同,对名著的要求也不同。前述六条标准中,第二条标准只适用于前一类名著,其他五条适用于后一类名著。本书所选的名著基本上符合后一类的五条标准。

教育名著是中外浩如烟海的教育文献中的精品,是中外教育历史发展长河中有深度的、有影响的理论著作。这些著作经过了大浪淘沙般的洗炼,是公认的优秀作品,它们的价值是普遍的、永恒的。读这些名著,不管是否同意或接受作者的观点,你都会感到"别有一番滋味在心头"。

由于教学课时有限,我们在为《教育经典与名著品赏》这本教材选择相关的内容时,只能从众多的教育名著中选择具有代表性的几本。它们分别是中国的《论语》《学记》和陶行知的《生活教育理论》,国外有:夸美纽斯的《大教学论》(捷克)、卢梭的《爱弥儿》(法国)、赫尔巴特的《普通教育学》(德国)、杜威的《民主主义与教育》(美国)和苏霍姆林斯基的《给教师的建议》(苏联)。

在编著《教育经典与名著品赏》这一新形态教材的过程中,编者不仅参阅了大量的书籍、杂志和网站并录用了部分内容,而且也得到了浙江大学出版社朱玲和葛娟两位编辑的悉心指导和大力帮助。为此,在定稿付梓之时,谨向有关的作者和单位表示深切的感谢。谢谢你们,没有你们的关心、支持和帮助,就不可能有本书的及时问世。从这个意义上来说,本书是集体智慧的结晶。

　　由于编者学识水平有限,本书一定有不少不足和不妥之处,敬请同行专家与学者不吝指正,以使本书至臻完善。

沈建民

2017 年 11 月写于上湖城

目
录

CONTENTS

孔子与《论语》

一、孔子生平

孔子（公元前 551 年—公元前 479 年），名丘，字仲尼（英文名：Confucius），春秋末年鲁国陬邑（zōu yì）（今山东曲阜）人，中国古代伟大的思想家、教育家和政治家，儒家学派的创始人，古代私学的开创者。其先祖为宋国（今河南商丘）大夫，由于贵族内部的纷争，逃到鲁国，到他的父亲孔纥（hé）时，家庭已没落为下级武官。孔子 3 岁丧父，家境贫寒，故他自称"吾少也贱"，但他自幼勤奋好学，经常做习礼的游戏。

孔子 15 岁（公元前 537 年）立志求学，通过私人（左太史）的传授，博习《诗》《书》《礼》《乐》。他虚心好学，学无常师，相传曾学乐于苌弘，学琴于师襄，办私学后还问礼于老子。他善于取法他人，曾说："三人行，必有我师焉。

择其善者而从之,其不善者而改之。"公元前533年,孔子加冠成人,赐字仲尼。[①]

20岁入朝为官,曾在鲁国执政大夫季氏门下任管牛羊的"乘田"和管仓库的"委吏"。

约30岁(公元前522年)起,就奔走于齐鲁之间,希望通过从政来实现他的理想,但未获得统治者的重用。于是,他就在曲阜城北设学舍,开始私人讲学。颜渊、曾点、子路等是最早的弟子。后来,向他求学的人越来越多,影响也越来越大,据《史记·孔子世家》记载,孔子有"弟子盖三千焉,身通六艺者七十有二人"。

40多岁出仕修书,修订六经——《诗》《书》《礼》《易》《乐》《春秋》。

在51岁(公元前501年)时,孔子当上了鲁国的"中都宰","行之一年,四方则之",遂由中都宰迁司空,再升为"大司寇",这让他得以实行自己的以礼治国的施政理想。在他从政期间,随鲁定公赴齐国会盟,与齐景公和大夫黎鉏(chú)斗智斗勇,维护了鲁国的利益,讨回三城,为此出任代理国相(公元前498年)。但当时鲁国的政局正处于动荡不安之中,他只做了三个月的代国相,便被迫离开鲁国。

55岁(公元前497年)时,他便率领弟子周游列国。孔子先后经过卫、曹、陈、宋、蔡、郑、楚等十几国,一面宣讲自己的政治主张,一面坚持流动教学。

68岁(公元前484年)时,他返回鲁国,以叙《尚书》、传《礼记》、删《诗

---

① 第一、二两段参考刘新科、栗洪武主编的《中外教育名著选读》,中国人民大学出版社2008年版,第3—4页。

经》、正《乐经》(亡于秦末战火,已失传)、修《春秋》、赞《周易》,专门整理古代文献①,并从事教育工作,直至去世。

孔子在政治上虽然没有达到他的目的,但在文化教育上却是成绩卓著的。孔子在30岁左右时(另说27岁),从事创办私学活动,开始了他的教育生涯。私学的创设,打破了"学在官府"的传统,促进了学术文化的下移。他在鲁国从政和周游列国期间,不断广收弟子,随时随地讲学,前后从事教育工作达四十余年。他一生以"学而不厌,诲人不倦"的精神,从事着教育工作,这是他之所以在教育领域获得成功的根本条件。

孔子是举世公认的杰出思想家和教育家,其教育思想的核心是"仁"。他首创"私学",实行"有教无类",扩大了教育对象的范围,促进了文化教育的下移;他强调教育对个人和社会发展的重要作用,提高了教育的地位;他提倡"学而优则仕",为封建官僚政治体制的建立作了舆论的先导;他从事古代典籍的继承和整理工作,奠定了后世儒家经学教育体系的基础;他诲人不倦的为师风范,为后人树立了光辉的榜样;他创造了一些好的教育方法,总结出许多精辟的教育教学原则与方法,如启发诱导、因材施教、学思并重、学以致用、立志乐道、自省自克、身体力行、迁善改过等,都是符合教育教学规律且行之有效的。总之,孔子的教育思想产生了重要的历史影响,为中国古代教育奠定了理论基础,是中华民族珍贵的教育遗产。

孔子一生传道、授业、解惑,被中国人尊称为"至圣②先师,万世师表"等,

---

① 自西汉"罢黜百家,独尊儒术",经过孔子整理传授的儒家经典——《诗经》《尚书》《礼记》《周易》和《春秋》,简称为"诗、书、礼、易、春秋"五经,被定为必读的教科书,儒家学说由此成为中国封建文化的核心,对整个封建时代的政治生活和精神生活起着指导的作用,在积极方面和消极方面都给中国文化教育的发展以极其深刻的影响。

② 孔子被称为至圣,而战国时期伟大的思想家、儒家的主要代表之一孟子(约公元前372—前289)被称为亚圣;战国时期伟大的思想家、教育家、儒家的主要代表之一荀子(约公元前313—前238)被称为后圣。

被联合国教科文组织评选为"世界十大文化名人"^①之首。孔子和儒家思想对中国和朝鲜半岛、日本、越南等地区有深远的影响。孔子和战国时期儒家代表人物之一的孟子,被后世称为"孔孟"。孔孟两者思想的结合,形成了儒家思想中的"孔孟之道"。

二、《论语》简赏

(一)《论语》简介

《论(lún)语》是我国春秋战国时期一部语录体散文集,主要记载孔子及其弟子的言行。它较为集中地反映了孔子的政治主张、伦理思想、道德观念和教育原则等,由孔子弟子及再传弟子编纂而成。全书共 20 篇、512 章^②、11705 个汉字,首创"语录"之体。南宋时,朱熹将它与《孟子》《大学》《中庸》合为"四书"^③。

《论语》的主体内容早在春秋后期孔子设坛讲学时期就已初始创成。孔子去世以后,他的弟子和再传弟子代代传授他的言论,并逐渐将这些口头记诵的语录言行记录下来,集腋成裘,最终在战国初年汇辑论纂成书,因此称"论"。《论语》主要记载孔子及其弟子的言行,因此称为"语"。^④

---

① 联合国教科文组织确认的世界十大文化名人依次是:孔子、柏拉图、亚里士多德、哥白尼、牛顿、达尔文、培根、阿奎那、伏尔泰、康德。

② 《论语》的 20 篇和每篇的章数依次为:学而篇(16 章)、为政篇(24 章)、八佾篇(26 章)、里仁篇(26 章)、公冶长篇(28 章)、雍也篇(30 章)、述而篇(38 章)、泰伯篇(21 章)、子罕篇(31 章)、乡党篇(27 章)、先进篇(26 章)、颜渊篇(24 章)、子路篇(30 章)、宪问篇(44 章)、卫灵公篇(42 章)、季氏篇(14 章)、阳货篇(26 章)、微子篇(11 章)、子张篇(25 章)、尧曰篇(3 章)。篇名取自每篇首章中的前二字或前三字,并无实际意义。

③ 四书又称四子书,是《论语》《孟子》《大学》《中庸》的合称。南宋著名理学家朱熹取《礼记》中的《中庸》《大学》两篇文章单独成书,与纪录孔子言行的《论语》、记录孟轲言行的《孟子》合为"四书"。

④ 参考网址:http://book.douban.com/subjet/1964774/.

《论语》作为孔子及门人的言行集,内容十分广泛,涉及政治、教育、礼仪、经济、文学、天道观、认识论等等,反映了孔子伦理体系最基本的思想,这个体系的核心是"仁",实施"仁"的手段和途径是"礼"。何谓仁?子曰:"克己复礼为仁。一日克己复礼,天下归仁焉。"(《论语·颜渊》)也就是说,只要克制自己,让言行符合礼就是仁德了。一旦做到言行符合礼,天下的人就会赞许你为仁人了。可见"仁"不是先天就有的,而是后天"修身""克己"的结果。孔子还提出仁德的外在标准,这便是"刚、毅、木、讷(nè)"(《论语·子路》),即刚强、果断、质朴、谨慎。同时他还提出实践仁德的五项标准,这便是"恭、宽、信、敏、惠"(《论语·阳货》),即恭敬、宽厚、信实、勤敏、慈惠。他说,对人恭敬就不会招致侮辱,待人宽厚就会得到大家拥护,交往信实别人就会信任,做事勤敏就会取得成功,给人慈惠就能够很好使唤民众。孔子说能实行这五种美德者,就可算是仁了。

在孔子看来,仁德是做人的根本,是处于第一位的。孔子曰:"弟子入则孝,出则悌,谨而信,泛爱众,而亲仁。行有余力,则以学文。"(《论语·学而》)又曰:"人而不仁,如礼何?人而不仁,如乐何?"(《论语·八佾》)则说明只有在仁德的基础上做学问、学礼乐才有意义。孔子还认为,只有仁德的人才能无私地对待别人,才能得到人们的尊重。子曰:"唯仁者能好人,能恶人。"(《论语·里仁》)"齐景公有马千驷,死之日,民无德而称焉。伯夷、叔齐饿死于首阳之下,民到于今称之。"(《论语·季氏》)充分说明了仁德的价值和力量。

《论语》善于通过神情语态的描写,展示人物形象。孔子是《论语》描述的中心。书中不仅有关于他的仪态举止的静态描写,而且有关于他的个性气质的传神刻画。此外,围绕孔子这一中心,《论语》还成功地刻画了一众孔门弟子的形象。如子路的率直鲁莽、颜渊的温雅贤良、子贡的聪颖善辩、曾皙(xī)的潇洒脱俗等等,人物形象生动,个性鲜明。孔子因材施教,对于不同的对象,考虑其不同的素质、优点和缺点、进德修业的具体情况,给予不同的教诲,表现了诲人不倦的可贵精神。如《论语·颜渊》篇中所述,同是弟子问仁,孔子有不同的回答,答颜渊"克己复礼为仁",答仲弓"己所不欲,勿施于人",答司马牛"仁者,其言也讱(rèn)"。颜渊学养高深,故答以"仁"学纲领,对仲弓和司马牛则答以细目。又如,在《论语·先进》篇中同是问"闻斯行诸?"孔子答子路曰:"有父兄在,如之何其闻斯行之?"因为"由也兼人,故退之"。答冉有曰:"闻斯行之"。因为"求也退,故进之"。这不仅是因材施教教育方法的问题,其中还饱含了孔子对弟子的高度的责任心。

《论语》一书,对后世的思想和学术影响至深,在汉代已被视为辅翼《五经》的传或记,汉文帝时列于学官,东汉时被尊为经。从此,《论语》受到历代统治者的推崇,成为言行是非的标准,甚至有"半部《论语》治天下"的赞誉。《论语》在中华民族的道德、文化、心理状态的形成和民族性格的铸造过程中,起到了巨大的作用。司马迁有言:"余读孔氏书,想见其为人。……天下君王至于贤人众矣,当时则荣,没则已焉。孔子布衣,传十馀世,学者宗之。自天子王侯,中国言六艺者折中于夫子,可谓至圣矣!"(司马迁《史记·孔子世家》)

作为一部优秀的语录体散文集,《论语》以含蓄隽永的语言,记述了孔子的言论。《论语》中所记孔子循循善诱的教诲之言,或简单应答,点到即止;或启发论辩,侃侃而谈;或富于变化,娓娓动人。语言生动活泼、寓意深远、耐人寻味,有不少语句已成为格言和成语,如"三人行则必有我师""知之为知之,不知为不知,是知也""己所不欲,勿施于人"等等。而且《论语》也教给了后人如何为人处世的道理。《论语》与《易经》《老子》共为中华民族的几部源头性经籍,它们不仅是道德和文化的重要载体,而且是古代圣哲修身明德、体道悟道、天人合一后的智慧结晶。

(二)《论语》的体系及主要内容[①]

《论语》一书共二十篇。它们分别是:学而第一,为政第二,

①　本小节内容是根据我国著名国学专家、四川师范大学教授李里的《论语》精解视频版(网址:http://www.iqiyi.com/w_19rs7u0x6h.html)整理、浓缩而成,标题为编者所加。

八佾第三,里仁第四,公冶长第五,雍也第六,述而第七,泰伯第八,子罕第九,乡党第十,这是前十篇。先进第十一,颜渊第十二,子路第十三,宪问第十四,卫灵公第十五,季氏第十六,阳货第十七,微子第十八,子张第十九,尧曰第二十。这是《论语》的后十篇。

前十篇的体系是很严密的。第一篇,学而第一:进入儒家的第一步就是学,它不像佛家、道家,你要剃头、要剃度、要出家,那才算是信佛了、信道了或者叫归依。儒家没有,只要你开始发蒙读书,你就进入了儒家,所以第一篇就先讲学。那么学成以后做什么呢?为政第二(第二篇)主要是对这个问题的回答。儒家的人读书读出来要做什么呢?是要治国平天下的。读书不是为了个人的兴趣爱好,是要拯救苍生于水火。所以儒家的学习,它的社会责任感和历史使命感都是很强的,就是要救济苍生。而为政应从哪些问题入手?故第三篇就是对整个春秋时代进行诊断、摸脉。八佾第三(第三篇),讲的就是整个春秋时代的最大社会问题:礼崩乐坏——八佾舞于庭①,简单地说就是非礼。诊断、摸脉以后就是要开药方。第四篇里仁,就是给春秋时代所开出的药方。用什么方法来对峙非礼呢?只有用仁德,所以仁就是孔夫子给春秋时代开出的药方,给那个社会,也是给整个后世中国的文化和思想开出的最大的药方——以仁德来养成人品,来治理天下。谁去贯彻以仁德来养成人品的主张,那就要依靠人才。所以公冶长第五和雍也第六两篇都是孔子的人才论。人才从哪里来?百年大计,教育为本!所以第七篇述而就是孔子核心的教育思想。而教育的内容是很重要的,所以第八篇泰伯就讲孔子主张的教育内容之一:用古圣先贤之道来教人——照着讲。当然学问要继承,但是在继承的过程当中,我们还必须随着时代作进一步的发展。子罕第九就讲孔子主张的教育内容

---

① 佾(yì),行列的意思。古时一佾8人,八佾就是64人。八佾舞,由64个舞者执羽而舞。按照《周礼》的规定,只有周天子才可以享用八佾,诸侯则为六佾,卿大夫为四佾,士用二佾。但季氏(正卿)用八佾舞于庭院。孔子说,"八佾舞于庭,是可忍也,孰不可忍也!"这是典型的破坏周礼的事件,所以春秋时候的最大问题就是非礼,就是礼崩乐坏。

之二：对尧舜禹汤文武周公的思想有什么进一步的发展——接着讲。言教不如身教，乡党第十就是把孔子全部的生平行为记录下来，让大家看一看孔夫子是怎么做的，给你做个楷模。所以乡党第十不是孔子说的话，而全是孔子行为的记录。在乡党篇，孔子在亲人邻居之间是个什么面貌，在朝廷上对天下人是个什么面貌，然后对上级是个什么面貌，对下级是个什么面貌，搞外交是个什么面貌，平时穿什么衣服，穿怎么个穿法，吃怎么个吃法，坐怎么个坐法，坐车怎么个坐法，全部都有记载。

《论语》的前十篇从论学到从政，从从政到找出社会问题、开出方子、培养人才，以及培养人才的教育思想、教育内容，以至他的创新和他自己的行为，是一个完整的体系。

《论语》的后十篇，基本上是查漏补缺了。先进第十一，是对第五篇和第六篇的补充，它同样是评点孔门弟子，但记录的是孔子晚年以后对弟子们的评价。颜渊第十二，主要是关于仁的讨论。什么叫仁，不同的人来问仁，孔子给予了不同的回答。这说明了仁的多面性和丰富性。而第十三篇子路和第十四篇宪问，包括卫灵公第十五，都主要探讨孔子的治国思想。当然，在探讨政治理论之外，也涉及许多名言警句。季氏第十六，主要记孔子论君子修身，以及如何用礼法治国。阳货第十七，主要记录孔子论述仁德，阐发礼乐治国之道。第十八篇微子，基本上记录的就是社会上各式各样的人，主要是那些隐士们对孔子的批判。由此可见，儒家的气象是很辽阔的，你赞美我我不记录，但是你批评我的我全部记载下来，所以微子第十八，基本上是对孔子的挖苦。子张第十九，全是孔门弟子的言论，没有一句话是孔子说的。尧曰第二十，主要讲了对孔子之道的传承的一个上述、一个推导。就是说，孔子的儒家的道是怎么传下来的，是尧传给舜，舜传给禹，禹传给文武周公的。

(三)《论语》经典译文

1. 子曰："学而时习之，不亦说乎？有朋自远方来，不亦乐乎？人不知而不愠，不亦君子乎？"(《论语·学而》)

【译文】孔子说:"学了又时常温习和练习,不是很愉快吗?有志同道合的人从远方来,不是很令人高兴的吗?人家不了解我,我也不怨恨、恼怒,不也是一个有德的君子吗?"

2. 子曰:"巧言令色,鲜矣仁。"(《论语·学而》)

【译文】孔子说:"花言巧语,虚颜假色,这种人是很少有仁德的。"

3. 曾子曰:"吾日三省吾身——为人谋而不忠乎?与朋友交而不信乎?传不习乎?"(《论语·学而》)

【译文】曾子说:"我每天都要多次反省自己:为别人出主意做事,是否忠实?交朋友是否诚实可信?老师传授的知识,是否复习了?"

4. 子曰:"君子食无求饱,居无求安,敏于事而慎于言,就有道而正焉,可谓好学也已。"(《论语·学而》)

【译文】孔子说:"君子吃不追求饱足,住不追求安逸,做事灵敏,言谈谨慎,接近有德行的人时时改正自己的错误,就算好学了。"

5. 子曰:"不患人之不己知,患不知人也。"(《论语·学而》)

【译文】孔子说:"不怕没人了解自己,就怕自己不了解别人。"

6. 子曰:"诗三百,一言以蔽之,曰:'思无邪'。"(《论语·为政》)

【译文】孔子说:"《诗经》三百(零五)首,用一句话可以概括,即:'思想纯正,没有邪恶的东西'。"

7. 子曰:"吾十有五而志于学,三十而立,四十而不惑,五十而知天命,六十而耳顺,七十而从心所欲,不逾矩。"(《论语·为政》)

【译文】孔子说:"我十五岁开始立志学习,三十岁能自立于世,四十岁遇事就不迷惑,五十岁懂得了什么是天命,六十岁能听得进不同的意见,到七十岁才能达到随心所欲,想怎么做便怎么做,但也不会越过规矩。"①

---

① 这是孔子晚年对自己一生学习修养的概括总结,说明他一生从不间断地学习修养,而且每隔一段时间就有一个较大的进步,直至晚年达到最高境界。几千年以来,无数的人都把这段话作为勉励自己的座右铭。而其中的"而立""不惑""知命""耳顺"也分别因为成了三十岁、四十岁、五十岁、六十岁的代名词而广泛流传。

8. 子曰:"温故而知新,可以为师矣。"(《论语·为政》)

【译文】孔子说:"复习旧知识时,又能领悟到新的东西,就可以凭这做老师了。"

9. 子曰:"君子周而不比,小人比而不周。"(《论语·为政》)

【译文】孔子说:"君子团结群众而不互相勾结,小人互相勾结而不团结群众。"

10. 子曰:"学而不思则罔,思而不学则殆。"(《论语·为政》)

【译文】孔子说:"读书不深入思考,越学越糊涂;思考不读书,就会精神疲倦而无所得。"

11. 子曰:"由,诲女知之乎! 知之为知之,不知为不知,是知也。"(《论语·为政》)

【译文】孔子说:"仲由,教给你对待知与不知的态度吧! 知道的就是知道的,不知道的就是不知道的,这种态度是正确的。"

12. 子曰:"人而无信,不知其可也。"(《论语·为政》)

【译文】孔子说:"人无信誉,不知能干什么?"

13. 孔子谓季氏:"八佾舞于庭,是可忍也,孰不可忍也?"(《论语·八佾》)

【译文】孔子说季氏:"他用天子的舞蹈阵容在自己的宗庙里舞蹈,这样的事可以容忍,什么事不能容忍?"

14. 子曰:"关雎,乐而不淫,哀而不伤。"(《论语·八佾》)

【译文】孔子说:"《关雎》这篇诗,主题快乐却不过分,忧愁却不悲伤。"

15. 子曰:"成事不说,遂事不谏,既往不咎。"(《论语·八佾》)

【译文】孔子说:"以前的事不要再评说了,做完的事不要再议论了,过去了就不要再追究。"

16. 子曰:"朝闻道,夕死可矣。"(《论语·里仁》)

【译文】孔子说:"早晨理解真理,晚上死也值得。"

17. 子曰："君子喻于义,小人喻于利。"(《论语·里仁》)

【译文】孔子说:"君子通晓道义,小人通晓私利。"

18. 子曰："见贤思齐焉,见不贤而内自省也。"(《论语·里仁》)

【译文】孔子说:"见到贤人,要向他看齐;见到不贤的人,要反省自己。"

19. 子曰："父母在,不远游,游必有方。"(《论语·里仁》)

【译文】孔子说:"父母在世,不出远门;如果要出远门,必须有一定的去处。"

20. 子曰："君子欲讷于言而敏于行。"(《论语·里仁》)

【译文】孔子说:"君子言语要谨慎迟钝,工作要勤劳敏捷。"

21. 子曰："朽木不可雕也,粪土之墙不可圬也,于予与何诛?"(《论语·公冶长》)

【译文】孔子说:"腐朽的木头无法雕刻,粪土垒的墙壁无法粉刷,对于宰予这个人,责备还有什么用呢?"

22. 子曰："敏而好学,不耻下问,是以谓之'文'也。"(《论语·公冶长》)

【译文】孔子说:"(孔文子生前)灵敏又好学,向比自己学问差的人请教时,不觉得没面子,所以给他谥号叫'文'。"

23. 季文子三思而后行。子闻之,曰："再,斯可矣。"(《论语·公冶长》)

【译文】季文子事事经过反复考虑,然后才去做。孔子听说这件事,说:"考虑两次也就行了。"

24. 子曰："宁武子,邦有道,则知;邦无道,则愚。其知可及也,其愚不可及也。"(《论语·公冶长》)

【译文】孔子说:"宁武子这人,国家太平时,就聪明,国家混乱时,就愚笨。他的聪明别人可以赶得上,他的愚笨别人赶不上。"

25. 子曰："贤哉,回也!一箪食,一瓢饮,在陋巷,人不堪其忧,回也不改其乐。"(《论语·雍也》)

【译文】孔子说:"颜回真是贤良呀!一竹篮饭,一木瓢水,住在小巷子

11

里,别人都受不了那穷苦的忧愁,颜回却不改变他自有的快乐。"

26.子曰:"质胜文则野,文胜质则史。文质彬彬,然后君子。"(《论语·雍也》)

【译文】孔子说:"一个人的内在质朴胜过外在的文采就会粗野,文采胜过质朴就会浮华。只有文采和质朴配合恰当,才是君子。"

27.子曰:"知之者不如好之者,好之者不如乐之者。"(《论语·雍也》)

【译文】孔子说:"知道学习不如喜欢学习的人,喜欢学习不如以学习为快乐的人。"

28.子曰:"知者乐水,仁者乐山;知者动,仁者静;知者乐,仁者寿。"(《论语·雍也》)

【译文】孔子说:"明智的人喜欢水,仁慈的人喜欢山;明智的人好动,仁慈的人好静;明智的人快乐,仁慈的人长寿。"

29.子曰:"中庸之为德也,其至矣乎!民鲜久矣。"(《论语·雍也》)

【译文】孔子说:"中庸作为一种道德,该是最高的了,大家缺乏它已经很久了。"

30.夫仁者,己欲立而立人,己欲达而达人。能近取譬,可谓仁之方也已。(《论语·雍也》)

【译文】仁是什么? 自己要站得住,同时使别人也站得住;自己要事事通达,同时使别人也事事通达。能够从眼前的事实中选择例子踏踏实实地去做,这就是实践仁德的方法了。

31.子曰:"默而识之,学而不厌,诲人不倦,何有于我哉?"(《论语·述而》)

【译文】孔子说:"将知识默记在心;学习时,不感到满足;教人时,不感到疲倦,这三个方面我做到了哪些呢?"

32.子曰:"不愤不启,不悱不发,举一隅不以三隅反,则不复也。"(《论语·述而》)

【译文】孔子说:"不到他苦思冥想时,不去给予开导;不到他欲说无语时,不去给予启发。不能举一例能理解三个类似的问题,就不要再教他了。"

33.子在齐闻韶,三月不知肉味。曰:"不图为乐之至于斯也。"(《论语·述而》)

【译文】孔子在齐国听到了《韶乐》,好长时间吃肉不觉滋味。他说:"没想到好音乐这样迷人。"

34.叶公问孔子于子路,子路不对。子曰:"汝奚不曰:其为人也,发愤忘食,乐以忘忧,不知老之将至云尔?"(《论语·述而》)

【译文】叶公问子路:孔子是怎样的人?子路不回答。孔子对子路说:"你为什么不这样说:他这个人啊,发愤时就忘记了吃饭,高兴起来就忘记了忧愁,竟然连自己衰老了也不知道,如此而已。"

35.子曰:"我非生而知之者,好古,敏以求之者也。"(《论语·述而》)

【译文】孔子说:"我不是生来就有知识的人,而是爱好古代文化,勤奋敏捷地去求取知识的人。"

36.子曰:"三人行,必有我师焉。择其善者而从之,其不善者而改之。"(《论语·述而》)

【译文】孔子说:"三个人一起走路,其中必定有人可以做我的老师。我选择他的优点向他学习,看到他不好的地方就作为借鉴,改掉自己的缺点。"

37.子以四教:文,行,忠,信。(《论语·述而》)

【译文】孔子教学有四项内容:文献、品行、忠诚、信实。

38.子曰:"君子坦荡荡,小人长戚戚。"(《论语·述而》)

【译文】孔子说:"君子胸怀宽广,小人忧愁悲伤。"

39.曾子言曰:"鸟之将死,其鸣也哀;人之将死,其言也善。"(《论语·泰伯》)

【译文】曾子说:"鸟将死时,叫声都很悲哀;人快死时,说话都很善良。"

40.曾子曰:"士不可以不弘毅,任重而道远。仁以为己任,不亦重乎?

死而后已,不亦远乎?"(《论语·泰伯》)

【译文】曾子说:"士不可以不宏大刚强而有毅力,因为他责任重大,道路遥远。把实现仁作为自己的责任,难道还不重大吗? 奋斗终生,死而后已,难道路程还不遥远吗?"

41. 子曰:"不在其位,不谋其政。"(《论语·泰伯》)

【译文】孔子说:"不居于那个职位,便不考虑它的政务。"

42. 子绝四——毋意,毋必,毋固,毋我。(《论语·子罕》)

【译文】孔子绝对没有四种毛病——不臆测,不武断,不固执,不自以为是。

43. 子在川上,曰:"逝者如斯夫! 不舍昼夜。"(《论语·子罕》)

【译文】孔子在河边上叹道:"消逝的时光就像这河水一样啊! 它日夜不停地流着。"

44. 子曰:"后生可畏,焉知来者之不如今也?"(《论语·子罕》)

【译文】孔子说:"年轻人是值得敬畏的,怎么就知道后一代不如前一代呢?"

45. 子曰:"三军可夺帅也,匹夫不可夺志也。"(《论语·子罕》)

【译文】孔子说:"三军可以剥夺主帅,匹夫不可剥夺志向。"

46. 子曰:"知者不惑,仁者不忧,勇者不惧。"(《论语·子罕》)

【译文】孔子说:"明智的人不会迷惑,仁爱的人不会忧愁,勇敢的人不会畏惧。"

47. 子曰:"岁寒,然后知松柏之后凋也。"(《论语·子罕》)

【译文】孔子说:"到了寒冷的季节,才知道松柏是最后凋谢的。"

48. 孔子于乡党,恂恂如也,似不能言者。其在宗庙朝廷,便便言,唯谨尔。(《论语·乡党》)

【译文】孔子回到故乡,非常恭顺,好像不能说话的样子。但他在宗庙里,朝廷上,很善于言辞,只是说得比较谨慎而已。

49. 食不厌精,脍不厌细。食饐而餲,鱼馁而肉败,不食。色恶,不食。臭恶,不食。失饪,不食。不时,不食。割不正,不食。不得其酱,不食。肉虽多,不使胜食气。唯酒无量,不及乱。沽酒市脯,不食。不撤姜食,不多食。①(《论语·乡党》)

【译文】粮食不嫌舂得精,鱼和肉不嫌切得细。粮食陈旧和变味了,鱼和肉腐烂了,都不吃。食物颜色变了,不吃。气味变了,不吃。烹调不当,不吃。不应时的东西,不吃。肉切得不方正,不吃。佐料放得不适当,不吃。席面上肉虽然多,但吃的量不超过米面的量。只有酒不限量,但不喝醉。从市上买来的酒和肉干不吃。每餐必须有姜,但也不多吃。

50. 子曰:“先进于礼乐,野人也;后进于礼乐,君子也。如用之,则吾从先进。”(《论语·先进》)

【译文】孔子说:“先学习礼乐而后做官的是未曾有过爵禄的山野之人;先有了官位而后学习礼乐的是卿大夫的子弟。如果让我选用人才,我主张选用先学习礼乐的人。”

51. 子曰:“从我于陈、蔡者,皆不及门也。”(《论语·先进》)

【译文】孔子说:“曾经跟着我在陈国、蔡国之间忍饥挨饿的学生,现在都不在我身边受教了。”

52. 季康子问:“弟子孰为好学?”孔子对曰:“有颜回者好学,不幸短命死矣,今也则亡。”(《论语·先进》)

【译文】季康子问:“你的学生中,哪个好学?”孔子答道:“有一个叫颜回的好学,不幸短命死了,现在再没有这样的人了。”

53. 柴也愚,参也鲁,师也辟,由也喭。(《论语·先进》)

【译文】高柴愚直,曾参迟钝,颛孙师偏激,仲由鲁莽。

54. 颜渊问仁。子曰:“克己复礼为仁。一日克己复礼,天下归仁焉。为仁由己,而由人乎哉?”(《论语·颜渊》)

---

① 原文可归纳为“二不厌,三适度,九不食”。

【译文】颜渊问仁德。孔子道："抑制自己，使言语行动都回复到传统的礼所允许的范围，就是仁。一旦这样做了，天下的人都会称许你是仁人。实践仁德，全靠自己，难道还靠别人不成？"

55. 仲弓问仁。子曰："出门如见大宾，使民如承大祭。己所不欲，勿施于人。在邦无怨，在家无怨。"（《论语·颜渊》）

【译文】仲弓问仁德。孔子道："出门办事好像去接待贵宾，使唤百姓如同去进行重大的祭祀，都要认真严肃。自己所不喜欢的事物，就不要强加于别人。做到在诸侯的朝廷上没有怨恨，在卿大夫的封地里也没有怨恨。"

56. 子贡问政。子曰："足食，足兵，民信之矣。"子贡曰："必不得已而去，于斯三者何先？"曰："去兵。"子贡曰："必不得已而去，于斯二者何先？"曰："去食。自古皆有死，民无信不立。"（《论语·颜渊》）

【译文】子贡问怎样去治理政事。孔子道："充足粮食，充足军备和百姓的信任。"子贡道："如果迫不得已，在粮食、军队和百姓的信任三者之中一定要去掉一项，先去掉哪一项？"孔子道："去掉军备。"子贡道："如果迫不得已，在粮食和百姓的信任两者之中一定要去掉一项，先去掉哪一项？"孔子道："去掉粮食。自古以来谁都免不了死亡，如果百姓对统治者缺乏信任，那么国家就站立不起来了。"

57. 子曰："博学于文，约之以礼，亦可以弗畔矣夫。"（《论语·颜渊》）

【译文】孔子说："君子广泛地学习文献，再用礼节约束自己，也可以不离经叛道了吧！"

58. 子曰："君子成人之美，不成人之恶。小人反是。"（《论语·颜渊》）

【译文】孔子说："君子成全别人的好事，而不助长别人的恶处。小人却与此相反。"

59. 子贡问友。子曰："忠告而善道之，不可则止，毋自辱焉。"（《论语·颜渊》）

【译文】子贡问如何对待朋友。孔子道："忠心地劝告他，好好地引导他,如果他不听从也就罢了,不要自找侮辱。"

60.子曰:"其身正,不令而行;其身不正,虽令不从。"(《论语·子路》)

【译文】孔子说:"当权者自己行得正,不发命令,政令也能贯彻;自己行为不检点,即使三令五申,老百姓也不会听从。"

61.子曰:"无欲速,无见小利。欲速,则不达;见小利,则大事不成。"(《论语·子路》)

【译文】孔子道:"不要图快,不要顾小利。图快,反而达不到目的;顾小利,大事就办不成功。"

62.曰:"言必信,行必果。"(《论语·子路》)

【译文】孔子道:"言语一定要信实,行为一定要坚定。"

63.子曰:"君子和而不同,小人同而不和。"(《论语·子路》)

【译文】孔子说:"君子讲求和谐而不同流合污,小人只求完全一致而不讲求和谐。"

64.子曰:"君子泰而不骄,小人骄而不泰。"(《论语·子路》)

【译文】孔子说:"君子安详舒泰,而不盛气凌人;小人盛气凌人,而不安详舒泰。"

65.子曰:"刚、毅、木、讷,近仁。"(《论语·子路》)

【译文】孔子说:"刚强、果断、质朴、谨慎,有这四种品德的人近于仁德了。"

66.子曰:"士而怀居,不足以为士矣。"(《论语·宪问》)

【译文】孔子说:"作为一个读书人,却贪图安逸,真不配做读书人了。"

67.子曰:"爱之,能勿劳乎? 忠焉,能勿诲乎?"(《论语·宪问》)

【译文】孔子说:"爱他,能不磨砺他吗? 忠于他,能不教诲他吗?"

68.子曰:"贫而无怨难,富而无骄易。"(《论语·宪问》)

【译文】孔子说:"贫穷却没有怨恨,很难;富贵却不骄傲,倒容易做到。"

69.子曰:"君子上达,小人下达。"(《论语·宪问》)

【译文】孔子说:"君子向上通达仁义,小人向下通达财利。"

70. 子曰:"古之学者为己,今之学者为人。"(《论语·宪问》)

【译文】孔子说:"古代学者是为了提高自己的道德做学问,现代学者做学问却是为了装门面给人家看。"

71. 子曰:"君子耻其言而过其行。"(《论语·宪问》)

【译文】孔子说:"说得多,做得少,君子以为耻。"

72. 子曰:"君子道者三,我无能焉:仁者不忧,知者不惑,勇者不惧。"子贡曰:"夫子自道也。"(《论语·宪问》)

【译文】孔子说:"君子所行的三件事,我一件也没能做到:仁德的人不忧虑,聪明的人不迷惑,勇敢的人不畏惧。"子贡道:"他老人家所刻画的正是他自己呀!"

73. 子曰:"上好礼,则民易使也。"(《论语·宪问》)

【译文】孔子说:"在上位的人若遇事依礼而行,就容易使百姓听从指挥。"

74. 子曰:"可与言而不与之言,失人;不可与言而与之言,失言。知者不失人,亦不失言。"(《论语·卫灵公》)

【译文】孔子说:"可以同他谈而不同他谈,这是错过人才;不可同他谈却同他谈,这是浪费言语。聪明人既不错过人才,也不浪费言语。"

75. 子曰:"志士仁人,无求生以害仁,有杀身以成仁。"(《论语·卫灵公》)

【译文】孔子说:"志士仁人,不贪生怕死因而损害仁德,只勇于牺牲生命来成全仁德。"

76. 子贡问为仁。子曰:"工欲善其事,必先利其器。居是邦也,事其大夫之贤者,友其士之仁者。"(《论语·卫灵公》)

【译文】子贡问孔子怎样修养仁德,孔子说:"工匠要做好工作,必须先磨快工具。住在一个国家,要侍奉大夫中的贤人,与士人中的仁人交朋友。"

77. 子曰:"人无远虑,必有近忧。"(《论语·卫灵公》)

【译文】孔子说:"一个人如果没有长远的考虑,一定会有眼前的忧患所困扰。"

78. 子曰:"群居终日,言不及义,好行小慧,难矣哉!"(《论语·卫灵公》)

【译文】孔子说:"一群人整天混在一起,不说一句有道义的话,只喜欢卖弄小聪明,这种人真令人为难啊!"

79. 子曰:"君子义以为质,礼以行之,孙以出之,信以成之。君子哉!"(《论语·卫灵公》)

【译文】孔子说:"君子(对于事业),以道义为原则,依礼节实行它,用谦逊的言语说出它,用诚实的态度完成它。这才是真君子呀!"

80. 子曰:"君子求诸己,小人求诸人。"(《论语·卫灵公》)

【译文】孔子说:"君子要求自己,小人要求别人。"

81. 子贡问曰:"有一言而可以终身行之者乎?"子曰:"其恕乎! 己所不欲,勿施于人。"(《论语·卫灵公》)

【译文】子贡问孔子:"有没有一个字可以奉行终生?"孔子说:"那就是'恕'字了,自己所不愿意要的,不要强加于别人。"

82. 子曰:"巧言乱德。小不忍,则乱大谋。"(《论语·卫灵公》)

【译文】孔子说:"花言巧语足以败坏道德。小事情不忍耐,便会败坏大事情。"

83. 子曰:"过而不改,是谓过矣。"(《论语·卫灵公》)

【译文】孔子说:"有错误而不改正,这本身就是一个错误!"

84. 子曰:"当仁,不让于师。"① (《论语·卫灵公》)

【译文】孔子说:"面临着仁德,就是老师,也不同他谦让。"

85. 子曰:"道不同,不相为谋。"(《论语·卫灵公》)

---

① 孔子的名言"当仁,不让于师"与西方哲学家亚里士多德(Aristotle,公元前384年—公元前322年)的名言"吾爱吾师,吾尤爱真理"是相通的。

【译文】孔子说:"主张不同,不互相商议。"

86.孔子曰:"益者三友,损者三友。友直,友谅,友多闻,益矣。友便辟,友善柔,有便佞,损矣。"(《论语·季氏》)

【译文】孔子说:"有益的朋友有三种,有害的朋友有三种。同正直的人交友,同信实的人交友,同见多识广的人交友,便有益了。同阿谀奉承的人交友,同口蜜腹剑的人交友,同夸夸其谈的人交友,便有害了。"

87.孔子曰:"君子有三戒:少之时,血气未定,戒之在色;及其壮也,血气方刚,戒之在斗;及其老也,血气既衰,戒之在得。"(《论语·季氏》)

【译文】孔子说:"君子有三件事情应该警惕戒备:年轻时,血气未定,便要警戒,莫迷恋女色;到了壮年,血气正旺盛,便要警戒,莫好胜喜斗;等到年老了,血气已经衰弱,便要警戒,莫贪得无厌。"

88.孔子曰:"生而知之者,上也;学而知之者,次也;困而学之,又其次也;困而不学,民斯为下矣。"(《论语·季氏》)

【译文】孔子说:"生来就知道的人是上等;学习然后知道的是次一等;遇到困扰才去学习,是再次一等;遇到困扰也不学,老百姓就是这种最下等的了。"

89.孔子曰:"见善如不及,见不善如探汤。吾见其人矣,吾闻其语矣。隐居以求其志,行义以达其道。吾闻其语矣,未见其人也。"(《论语·季氏》)

【译文】孔子说:"看见善良,努力追求,好像赶不上似的;遇见邪恶,使劲避开,好像手快挨到沸水了。我见过这样的人,也听过这样的话。避世隐居以求保全他的意志,依义而行以求贯彻他的主张。我听过这样的话,却还没见过这样的人。"

90.子曰:"性相近也,习相远也。"(《论语·阳货》)

【译文】孔子说:"各人的本性都相差不远,只因所受的影响不同,才拉开了距离。"

91. 子曰："唯上知与下愚不移。"(《论语·阳货》)

【译文】孔子说："只有上等的智者和下等的愚人是无法改变的。"

92. 子张问仁于孔子。孔子曰："能行五者于天下为仁矣。""请问之。"曰："恭、宽、信、敏、惠。恭则不侮,宽则得众,信则人任焉,敏则有功,惠则足以使人。"(《论语·阳货》)

【译文】子张向孔子问仁。孔子道："能够处处实行五种品德,便是仁人了。"子张道："请问哪五种?"孔子道："恭敬、宽厚、信实、勤敏、慈惠。恭敬就不致遭受侮辱,宽厚就能得到大众的拥戴,信实就会得到别人的任用,勤敏容易使人成功,慈惠就能够使唤人。"

93. 子曰："道听而涂说,德之弃也。"(《论语·阳货》)

【译文】孔子说："听到小道消息就四处传播,这是有品德的人所唾弃的。"

94. 子曰："鄙夫可与事君也与哉? 其未得之也,患得之;既得之,患失之。苟患失之,无所不至矣。"(《论语·阳货》)

【译文】孔子说："鄙夫,难道能同他共同服侍君上吗? 当他没有得到职位的时候,生怕得不到;已经得到了,又怕失去。假如生怕失去,那就什么事也做得出来了。"

95. 子曰："唯女子与小人为难养也,近之则不孙,远之则怨。"(《论语·阳货》)

【译文】孔子道："只有女子和小人是难以打交道的。亲近了,他们便无礼;疏远了,他们又怨恨。"

96. 齐人归女乐,季桓子受之,三日不朝,孔子行。(《论语·微子》)

【译文】齐国送了许多歌姬舞女给楚国,季桓子接受了,三天不上朝,孔子就离职走了。

97. 子路问曰："子见夫子乎?"丈人曰："四体不勤,五谷不分,孰为夫子?"(《论语·微子》)

【译文】子路问道:"您看见了我的老师吗?"老头儿道:"你这人,四肢不劳动,五谷不认识,谁认识你的老师?"

98. 子夏曰:"博学而笃志,切问而近思,仁在其中矣。"(《论语·子张》)

【译文】子夏说:"广泛地学习,坚守自己的志向;恳切地发问,多考虑当前的问题,仁德就在这中间了。"

99. 子夏曰:"仕而优则学,学而优则仕。"(《论语·子张》)

【译文】子夏说:"做官有余力时就去学习,学习能够游刃有余时就去做官。"

100. 孔子曰:"不知命,无以为君子也;不知礼,无以立也;不知言,无以知人也。"(《论语·尧曰》)

【译文】孔子说:"不懂得天命,就不能做君子;不懂得礼仪,就不能安身立命;不善于分辨他人的话语,就不能了解他人。"

三、孔子的教育思想[①]

孔子是我国教育史上第一个将毕生精力贡献给教育事业的人。他的教育思想涉及教育的作用和对象、教育的目的和内容、教学原则与方法,以及道德教育的思想等方面,对后世的教育活动产生了深远的影响。

(一)关于教育的作用和对象

1. 教育的作用

孔子认为教育对政治的作用非常大。他认为"道之以政,齐之以刑,民免而无耻。道之以德,齐之以礼,有耻且格"(《论语·为政》)。意思是说,以政令来管理,以刑法来约束,百姓虽不敢犯罪,但不以犯罪为耻;以道德来引导,以礼法来约束,百姓不仅遵纪守法,而且引以为荣。

---

① 参考网址:http://wenku.baidu.com/view/45a532ebe009581b6bd9ebe1.html.

孔子还提出了"庶""富""教"的思想。《论语》载:"子适卫,冉有仆。子曰:'庶矣哉!'冉有曰:'既庶矣,又何加焉?'曰:'富之。'曰:'既富矣,又何加焉?'曰:'教之。'"(《论语·子路》)。这意思是,孔子到卫国,其弟子冉有驾车,孔子沿途看到卫国市面的繁华就说:"好多的人啊!"冉有问:"人多该怎么办呢?"孔子说:"让他们富裕起来。"冉有又问:"富裕了又该怎么办呢?"孔子说:"教育他们。"

《论语》又载:"子贡问政。子曰:'足食,足兵,民信之矣。'子贡曰:'必不得已而去,于斯三者何先?'曰:'去兵。'子贡曰:'必不得已而去,于斯二者何先?'曰:'去食。自古皆有死,民无信不立。'"(《论语·颜渊》)。而"信"必由教育而来。

孔子还从教育与人的发展关系上论证了教育(学习)的作用。他说:"性相近也,习相远也。"(《论语·阳货》)"我非生而知之者,好古,敏以求之者也。"(《论语·述而》)但他又说:"生而知之者,上也;学而知之者,次也;困而学之,又其次也;困而不学,民斯为下矣。"(《论语·季氏》)这意思是,生下来就知道的人是最上等的;通过学习才知道的人是次一等的;遇到困难才学习的人又是次一等的;遇到困难仍然不学习的人是最下等的了!他的本意可能是鼓励人们奋发学习,不要做困而不学的下民,但又承认有生而知之的上者,甚至武断地说:"唯上智与下愚不移。"(《论语·阳货》)从而又使他的思想陷于自相矛盾之中。

2. 教育的对象

孔子明确提出了"有教无类"的思想,并付诸实践。孔子说:"自行束脩①以上,吾未尝无诲焉。"(只要自愿拿着十条干肉为礼来见我的人,我从来没有不给他教诲的)(《论语·述而》)。虽然他的弟子中既有鲁国当政的贵族子弟孟懿子,也有被称为"贱人"的仲弓父;既有家累千金的子贡,也有捉襟见肘的原宪和箪(dān)食瓢饮的颜回,还有穷困到三天不举火,十年不制衣

---

① 束,十条为束。脩,同"修",音读 xiū,意为干肉,又叫脯。束脩就是十条干肉。

的曾参等，但我们还不能认为他的"有教无类"就是在主张"人人平等地受教育"，更不能算是现代社会意义上的"普及教育"的思想。

（二）关于教育的目的和内容

1. 教育的目的

孔子主张的教育目的是培养"士"，而"士"的标准就是"君子"或"君子儒"。"君子"原是奴隶主贵族统治者的专称，即奴隶主贵族老爷的意思。孔子把它发展成为具有一定道德标准的精神贵族的理想人格，即把"君子"当作教育的培养目标。他明确提出作为一个"君子"，一要能"修养自己，保持恭敬谦逊的态度"，二要有"使亲族和朋友以及老百姓都得到安乐"的治国安民之术。"仕而优则学，学而优则仕。"（《论语·子张》）

2. 教育内容

孔子所主张的教育内容主要有四项：历史文献、行为规范、待人忠诚与信实。即《论语·述而》中说的："子以四教，文，行，忠，信。"孔子还说："弟子入则孝，出则悌（tì），谨而信，泛爱众，而亲仁。行有余力，则以学文。"（《论语·学而》）意思是说，孩子们在家要孝顺父母，出门要尊敬兄长，做人言行要谨慎，讲话要讲究信用，广泛地与众人友爱，亲近有仁德的人，这样做了还有余力，就用来学习各种文化知识。孔子的具体教育内容就是"六经"，即《诗》《书》《礼》《乐》《易》《春秋》。但孔子的教育内容因受历史条件的局限也有严重的不足，一是忽视自然知识的传授，二是鄙视生产劳动知识和技能的教育。如《论语·子路》中载："樊迟请学稼。子曰：'吾不如老农。'请学为圃。曰：'吾不如老圃。'樊迟出。子曰：'小人哉，樊须也！'"

（三）关于教学原则与方法

为了实现培养"君子"的教育目的，孔子在建构了一个相对完整的教育内容体系的同时，以长期从事的私学教育活动为基础，积极探索，提出了一系列反映教学规律的原则和方法,为中国古代教学理论的发展揭开了新篇章。

关于教师如何教的问题,他的经验如下。

1. 因材施教①

首先,孔子十分注意观察和了解学生的特点,针对学生的不同特点,从学生实际出发进行教育和教学。如《论语·先进》载,子路问:"闻斯行诸?"子曰:"有父兄在,如之何其闻斯行之?"冉有问:"闻斯行诸?"子曰:"闻斯行之。"公西华曰:"由也问'闻斯行诸',子曰'有父兄在';求也问'闻斯行诸',子曰'闻斯行之'。赤也惑,敢问。"子曰:"求也退,故进之;由也兼人,故退之。"(子路请教:"听到可以做的事,就去做吗?"孔子说:"父亲与哥哥还在,怎么能听到可以做的事就去做呢?"冉有请教:"听到可以做的事就去做吗?"孔子说:"听到可以做的事就去做。"公西华说:"当仲由请教听到可以做的事就去做吗,老师说'父亲与哥哥还在';当冉求请教听到可以做的事就去做吗,老师说'听到可以做的事就去做'。我觉得有些困惑,冒昧来请教。"孔子说:"求做事比较退缩,所以我鼓励他迈进;由做事勇往直前,所以我让他保守些。")由此可以清楚地看出,对于同一个问题,孔子针对子路与冉有的不同情况作了不同的回答,生动地反映了孔子教育方法的一个重要特点,即因材施教。另外,孔子对不同年龄阶段的人也提出了不同的要求,"君子有三戒:少之时,血气未定,戒之在色;及其壮也,血气方刚,戒之在斗;及其老也,血气既衰,戒之在得。"(《论语·季氏》)

文档

其次,孔子还允许或鼓励学生有不同的专长。在他的学生中,各方面的人才都有。"德行:颜渊,闵子骞,冉伯牛,仲弓。言语:宰我,子贡。政事:冉有,季路。文学:子游,子夏。"(《论语·先进》)但孔子在培养学生个性方面,还是倾向于培养"恭敬""温和"的个性。《论语·先进》载:

---

① 孔子在教育实践的基础上,创造了因材施教的方法,并将其作为一个教育原则,贯穿于日常的教育工作之中。他是我国历史上第一个运用因材施教者,也是他在教育上获得成功的重要原因之一。但要注意的是,"因材施教"的命题不是孔子提出来的,南宋朱熹的《论语集注》云:"孔子教人,各因其材。"

"闵子侍侧,訚訚(yín yín)如也;子路,行行(hàng hàng)如也;冉有、子贡,侃侃如也。子乐。'若由也,不得其死然。'"(闵子骞侍立在孔子身旁,一派和悦而温顺的样子;子路是一副刚强的样子;冉有、子贡是温和快乐的样子。孔子高兴了。但孔子又说:"像仲由这样,只怕不得好死吧!")

2. 启发诱导

《论语》载:"不愤不启,不悱不发,举一隅不以三隅反,则不复也。"(《论语·述而》)按朱熹的注解:"愤者,心求通而未得之意;悱者,口欲言而未能之貌。启,谓开其意;发,谓达其辞。"就是说只有当学生进入积极思维状态时教师才适时地加以开导、启发,"开其意","达其辞"。孔子又说:"可与言而不与之言,失人;不可与言而与之言,失言。知者不失人,亦不失言。"(《论语·卫灵公》)意思是说,可以与之交谈却不与他谈,就是失人才了;不可与他交谈却与他谈,这就是失言了。只有智慧的人既不失人,也不会失言。孔子还说:"言未及之而言,谓之躁;言及之而不言,谓之隐;未见颜色而言,谓之瞽(gǔ)。"(《论语·季氏》)也就是说,教师既不要"失人",也不要"失言",教学应"当其可"。

关于学生如何学的问题,孔子在长期指导学生自学的基础上,积累了宝贵而又丰富的经验。

3. 学思结合

孔子说:"学而不思则罔,思而不学则殆。"(《论语·为政》)只学习不加思考就会迷乱而不明,只思考不学习就会空泛而不实。他还以自己的亲身体会告诫学生:"吾尝终日不食,终夜不寝,以思,无益,不如学也。"(《论语·卫灵公》)但同时又强调思考的重要性,"君子有九思:视思明,听思聪,色思温,貌思恭,言思忠,事思敬,疑思问,忿思难,见得思义。"(君子有九件用心思虑的事,看要想到看明白没有、听要想到听清楚没有、神态要想到是否温和、容貌要想到是否恭敬、言谈要想到是否诚实、处事要想到是否谨慎、疑难要想到是否要求教、愤怒要想到是否有后患、看见可得的要想到是否理所该得。)(《论语·季氏》)且事事处处都应运用思考,极力反对那些"饱食终日,无所用心"(《论语·阳货》)的人。

4. 学以致用

孔子说:"诵诗三百,授之以政,不达;使于四方,不能专对;虽多,亦奚以为?"(《论语·子路》)也就是说,尽管熟读了《诗经》三百篇,但叫他去处理政务,却不会处理;派他去出使外国,却不能独立应对交涉。书读得虽多,又有什么用处呢?他主张"学而优则仕",培养学生是为了推行其政治抱负,训练学生能够出仕为宦,治理一方,所以他很强调学用结合,学以致用。

(四) 关于道德教育的思想

1. 立志乐道

孔子说:"人无远虑,必有近忧。"(《论语·卫灵公》)"三军可夺帅也,匹夫不可夺志也。"(《论语·子罕》)一个人应当确立什么样的志向呢?孔子认为应该"志于道",应该树立崇高的道德理想。"朝闻道,夕死可矣。"(《论语·里仁》)"君子谋道不谋食。""君子忧道不忧贫。"(《论语·卫灵公》)他极力称赞颜渊"一箪食,一瓢饮,在陋巷,人不堪其忧,回也不改其乐。贤哉,回也"(《论语·雍也》)。颜回是"乐道"的表率。孔子特别强调立志乐道要有恒心和百折不挠的精神,能经受困难的考验,即"磨而不磷,涅而不缁"(《论语·阳货》)。

2. 自省自克

孔子认为道德教育贵在培养道德自觉,应从自我做起,要"躬自厚而薄责于人。"(《论语·卫灵公》)"君子求诸己,小人求诸人。"(《论语·卫灵公》)"见贤思齐焉,见不贤而内自省也。"(《论语·里仁》)"内省不疚,夫何忧何惧。"(《论语·颜渊》)"克己复礼为仁。"(《论语·颜渊》)一个人能克制自己,使自己的思想、言行都合于"礼"的规范,就是"仁"了,也就是达到了道德修养的最高标准。

3. 身体力行

孔子说:"巧言令色,鲜矣仁。"(《论语·学而》)他反对"言过其行",认为"君子耻其言而过其行。"(《论语·宪问》)"君子欲讷于言而敏于行。"(《论语·里仁》)做到"言必信,行必果。"(《论语·子路》)他反对言行脱节,主张"慎言"。甚至主张"先行其言而后从之。"(《论语·为政》)意思是先脚踏实地去做事,做了以后再说也不迟。他说:"始吾于人也,听其言而信其行;今吾于人也,听其言而观其行。"(《论语·公冶长》)

4. 改过迁善

孔子把培养道德的过程,看作是改过迁善的过程。他说:"丘也幸,苟有过,人必知之。"(《论语·述而》)但文过饰非,把过错掩盖起来,这是不对的,正如子夏所说的:"小人之过也必文。"(《论语·子张》)有"过"不要紧,关键要能改"过","过则无惮改"(《论语·学而》)。他说:"闻义不能徙,不善不能改,是吾忧也。"(《论语·述而》)"过而不改,是谓过矣。"(《论语·卫灵公》)其实正如子贡所言:"君子之过也,如日月之食焉。过也,人皆见之;更也,人皆仰之。"(《论语·子张》)

(五) 关于教师的论述

1. 学而不厌,诲人不倦

他说:"我非生而知之者,好古,敏以求之者也。"(《论语·述而》)"十室之邑,必有忠信如丘者焉,不如丘之好学也。"(《论语·公冶长》)他走到哪里,学到哪里,而且"不耻下问"(《论语·公冶长》)。他还说:"三人行,必有我师焉。"(《论语·述而》)直到晚年,仍在勤奋学习,"加我数年,五十以学易,可以无大过矣"(《论语·述而》)。真是"发愤忘食,乐以忘忧,不知老之将至"(《论语·述而》)。《孟子·公孙丑上》载:"昔者子贡问于孔子曰:'夫子圣矣乎?'孔子曰:'圣则吾不能,我学不厌而教不倦也。'"孔子自己堪称"诲人不倦"的典范。

2. 以身作则，身教重于言教

他说："其身正，不令而行；其身不正，虽令不从"，"不能正其身，如正人何"（《论语·子路》）。这说明身教比言教更为重要。当然，这不是说不要言教，而是指只有言教而没有身教，言教也起不了多大作用，甚至适得其反；而教师能做到以身示范，虽没有言语的说教，仍然能对学生产生潜移默化的作用。正如《论语·阳货》所载："子贡曰：'子如不言，则小子何述焉？'子曰：'天何言哉？四时行焉，百物生焉，天何言哉？'"此时无声胜有声。

3. 相信学生会超过教师

如，"后生可畏，焉知来者之不如今也？四十，五十而无闻焉，斯亦不足畏也已。"（《论语·子罕》）、"当仁，不让于师"（《论语·卫灵公》）等。

【讨论与研究】

1. 阅读《论语》原文，找出你最喜欢的 10 句经典名言，并把它译成白话文。
2. 简述孔子的教育思想。

✎测试与答案

无名氏与《学记》

一、《学记》简赏

（一）《学记》简介

《学记》不仅是中国古代也是世界上最早的一篇专门论述教育、教学问题的论著。它写作于战国晚期（公元前4世纪至公元前3世纪），比古罗马教育家昆体良（约35年至约95年）在公元1世纪写成的《论演说家的教育》一书早300多年；比捷克大教育家夸美纽斯的《大教学论》（1632年）早面世一千八九百年。据郭沫若考证，作者为孟子的学生乐正克。西汉时期，被礼学家们辑录于中国古代一部典章制度的专著《礼记》①之中。

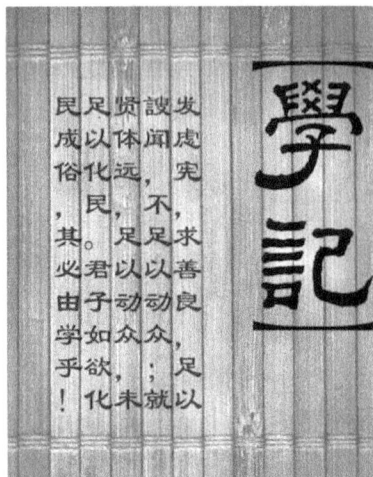

---

① 《礼记》是儒家的经典著作之一，主要记载我国奴隶制社会和封建社会的典章制度和道德规范，共有四十九篇，每篇都有其专述和特质。

《学记》全文分为20小节,每节基本上论述一个主题,这20个主题依次可概括为:"化民成俗、教学为先、教学相长、大学之道、教之大伦、敬孙时敏、教之不刑、教所由兴、教所由废、和易以思、长善救失、罕譬而喻、择师必慎、师严道尊、进学之道、记问之学、车在马前、比物丑类、有志于学和王者务本"①。《学记》全文虽只有1230个字,但可谓字字珠玑,它篇幅虽短小精悍,内容却相当丰富而深刻,是我国先秦时期教育思想和教育实践的概括和总结。

《学记》以《大学》为其政治基础,以《中庸》为其哲学基础,通过言简意赅、喻辞生动的文字,系统而全面地阐明了教育的目的及作用,教育和教学的制度、原则和方法,教师的地位和作用,教育过程中的师生关系以及同学之间关系。它所提出的教学原理、教学原则与方法,以及尊师重道的思想,对中国教育学和心理学的发展,都产生了重大影响,是研究中国古代教育思想和实践的宝贵资料,是中国也是世界珍贵的教育遗产之一。

(二)《学记》原文

发虑宪,求善良,足以谀②闻,不足以动众;就贤体远,足以动众,未足以化民。君子如欲化民成俗,其必由学乎!

玉不琢,不成器;人不学,不知道③。是故古之王者,建国君民,教学为先。《兑④命》曰:"念终始典于学。"其此之谓乎!

虽有嘉肴,弗食不知其旨也虽有至道,弗学不知其善也。是故学然后知不足,教然后知困。知不足,然后能自反也。知困,然后能自强也。故曰:

---

① 李绪坤:《〈学记〉解读》.齐鲁书社2008年版,目录。

② 谀:读 xiǎo,指小有声誉。

③ 道:古今异义,此指儒家之道。

④ 兑:读 yuè,通"悦"。

“教学相长也。”《兑命》曰：“学学半。”①其此之谓乎！

古之教者，家有塾，党有庠②，术③有序，国有学。比年入学，中年考校。一年视离经辨志，三年视敬业乐群，五年视博习亲师，七年视论学取友，谓之小成。九年知类通达，强立而不反，谓之大成。夫然后足以化民易俗，近者说④服而远者怀之。此大学之道也。《记》曰：“蛾⑤子时术之。”其此之谓乎！

大学始教，皮弁⑥祭菜，示敬道也。《宵雅》肆三，官其始也。入学鼓箧⑦，孙其业也。夏楚⑧二物，收其威也。未卜禘⑨不视学，游其志也。时观而弗语，存其心也。幼者听而弗问，学不躐⑩等也。此七者，教之大伦也。《记》曰：“凡学，官先事，士先志。”其此之谓乎！

大学之教也，时教必有正业，退息必有居学。不学操缦，不能安弦；不学博依，不能安诗；不学杂服，不能安礼；不兴其艺，不能乐学。故君子之于学也，藏焉⑪修焉，息焉游焉。夫然，故安其学而亲其师，乐其友而信其道，是以虽离师辅而不反也。《兑命》曰：“敬孙务时敏，厥⑫修乃来。”其此之谓乎！

今之教者，呻其占毕，多其讯言，及于数进，而不顾其安，使人不由其诚，教人不尽其材，其施之也悖，其求之也佛。夫然，故隐其学而疾其师，苦其难而不知其益也。虽终其业，其去之必速。教之不刑，其此之由乎！

---

① 前一个“学”字音 xiào，本字读作“斅”，意思是教育别人，后一个“学”字音 xué，意思是向别人学习。

② 庠：读 xiáng。

③ 术：读 suì。

④ 说：读 yuè，通“悦”。

⑤ 蛾：读 yǐ，通“蚁”，即蚂蚁。

⑥ 弁：读 biàn，帽子。

⑦ 箧：读 qiè。

⑧ 夏楚：夏（jiǎ）圆和楚方，一种教杖。

⑨ 禘：读 dì，古代祭祖大礼。

⑩ 躐：读 liè，同后文“陵”，超越。

⑪ 焉：代词，指代学。

⑫ 厥：读 jué。

大学之法，禁于未发之谓豫，当其可之谓时，不陵节而施之谓孙①。相观而善之谓摩。此四者，教之所由兴也。

发然后禁，则扞格而不胜②；时过然后学，则勤苦而难成；杂施而不孙，则坏乱而不修；独学而无友，则孤陋而寡闻；燕朋③逆其师；燕辟④废其学。此六者，教之所由废也。

君子既知教之所由兴，又知教之所由废，然后可以为人师也。故君子之教，喻⑤也：道而弗牵⑥，强而弗抑⑦，开而弗达⑧。道而弗牵则和，强而弗抑则易，开而弗达则思。和易以思，可谓善喻矣。

学者有四失，教者必知之。人之学也，或失则多，或失则寡，或失则易，或失则止。此四者，心之莫同也。知其心，然后能救其失也。教也者，长善而救其失者也。

善歌者，使人继其声；善教者，使人继其志。其言也，约而达，微而臧，罕譬而喻，可谓继志矣。

君子知至学之难易，而知其美恶，然后能博喻。能博喻然后能为师，能为师然后能为长，能为长然后能为君。故师也者，所以学为君也，是故择师不可不慎也。《记》曰："三王四代⑨唯其师。"其此之谓乎！

凡学之道，严师为难。师严然后道尊，道尊然后民知敬学。是故君之所以不臣于其臣者二：当其为尸，则弗臣也；当其为师，则弗臣。大学之礼，虽诏于天子，无北面，所以尊师也。

---

① 孙：读 xùn。
② 扞：读 hàn。扞格：抵触；胜：克服。
③ 燕朋：轻慢而不庄重的朋友。
④ 燕辟：轻慢邪僻的言行。
⑤ 喻：启发诱导。
⑥ 道：读 dǎo，同"导"，引导；牵：强拉。
⑦ 强：读 qiǎng，勉励；抑：压制。
⑧ 开：启发；达：通达。
⑨ 三王四代：三王指"尧、舜、禹"三位帝王，四代指"虞、夏、商、周"四个朝代。

善学者,师逸而功倍,又从而庸之;不善学者,师勤而功半,又从而怨之。善问者,如攻坚木,先其易者,后其节目,及其久也,相说以解;不善问者反此。善待问者,如撞钟,叩之以小者则小鸣,叩之以大者则大鸣,待其从容,然后尽其声;不善答问者反此。此皆进学之道也。

记问之学,不足以为人师。必也其听语乎! 力不能问,然后语之。语之而不知,虽舍之可也。

良冶之子,必学为裘;良弓之子,必学为箕;始驾马者反之,车在马前。君子察于此三者,可以有志于学矣。

古之学者,比物丑类。鼓,无当于五声①,五声弗得,不和;水,无当于五色②,五色弗得,不章;学,无当于五官③,五官弗得,不治;师,无当于五服④,五服弗得,不亲。

君子曰:"大德不官,大道不器,大信不约,大时不齐。"察于此四者,可以有志于学矣。

三王之祭川也,皆先河而后海,或源也,或委也,此之谓务本。

(三)《学记》译文

统治者发布一些精心谋划的施政意图和国家成法,依靠宗亲贵族中善良的人辅佐治理国家,只能博得一些小的声誉,但不能感动民众;统治者能够礼贤下士,亲近有贤德的人,体恤偏远的劳苦民众,能够感化民众,但不能教化民众。统治者如果想要教化民众,形成良风美俗一定要从教育入手。

---

① 五声:指古代音乐中的宫、商、角、徵、羽五大音阶。
② 五色:指青、黄、赤、白、黑五种颜色。
③ 五官:指人体的耳、目、鼻、口、心五种器官。此指"司徒、司马、司空、司士、司寇"五种官职。
④ 五服:斩衰(cui)、齐(zi)衰、大功、小功、缌(si)麻五种古代丧服。它们分别用以表示血缘关系的亲疏远近。

　　玉石不经过雕琢，就不能成为完美的玉器；人不通过学习，就不懂得儒家的道理。所以，自古帝王要建立国家，统治人民，首先要从教育方面入手。《尚书》的《兑命》篇中说"国家和人民的道德观念，始终要靠教育来培养，要靠教育来落实"就是这个意思吧。

　　虽然有美味的佳肴，不经过品尝就不知道它的味美；即使有了很深刻的道理，不认真地学习，也不会知道这些道理的价值。因此，人只有经过学习，才会知道自己的不足；只有通过教学，才会感觉到自己的困惑。知道不足，才能够自我反省，要求自己不断地提高文化水平；知道困惑，才能够自强不息，不断充实自己，发展自己。所以说，教学和求学，是相互促进的。《兑命》篇中说"教学与求学，相互间都有一半的促进作用"就是这个意思吧。

　　古代的学校制度是：每二十五家组成的闾（里），设立"塾"；每五百家组成的党，设立"庠"；每一万二千五百家组成的术，设立"序"；在国都设立大学①。每年都有新生入学，国家每隔一年考查他们的学业及操行成绩一次：第一年考查学生析句分段的能力和学习的志向；第三年考查学生是否专心学业，亲爱同学；第五年考查学生学识是否广博，同老师是否亲密无间；第七年考查学生研究学问的本领和识别朋友的能力。符合这些标准就叫"小有所成"。第九年，做到认识事物能触类旁通，问一知十，品德意志方面能独立思考、成熟、坚定、不违背师道。符合这些标准就叫"大有成就"。九年的学习目标完成后，就能够教化民众移风易俗，使跟前的人心悦诚服，远方的人向往来归。这就是大学的目的与任务。古书《记》上说"小小的蚂蚁，也要从小按照时令不断地进行训练"就是这个意思吧。

　　大学开学的时候，官员及师生们都必须身穿礼服，头戴皮帽，置备肴馔，

---

　　① 此处的"大学"不同于现代意义上的大学，而是指古代设置的学校中最高级的学校（太学）。在古代，大学有两种含义：一是"博学"之态；二是与"小学"相对的"大人之学"。古代儿童八岁上小学，主要学习"洒扫、应对、进退、礼乐射御书数"之类的文化课和基本的礼节。十五岁后可进入大学，开始学习伦理、政治、哲学等"穷理正心，修己治人"的学问。两种含义虽有明显的区别之处，但都有"博学"之意。

祭拜先圣先师，为的是表示尊师重道。开学后，首先演练《小雅》中的《鹿鸣》《四牡》和《皇皇者华》这三首君臣宴乐、相互劳问和勤于政务的诗歌，暗示学生进入大学读书，就意味着做官的开始，要珍惜自己的身份，塑造良好的形象。上课之前，击鼓召集学生进入教室，督促学生打开书箱，拿出书本，开始静心恭顺地研读书本。用榎木或荆条做成的教鞭，置于课堂之上，用来警示学生，树立教师的威仪。没有占卜和祭奠先祖，官员们也不能随意地进入学校视察，表示社会非常尊重学校，以此来揄扬学生，让他们安下心志，从容读书。教师要时常观察学生的学习情况，但不要随意地给他们讲解，尽量多留一些时间和机会，让他们自己动脑探寻问题的答案。对年龄小的学生，要求他们只需认真听讲，不必深入地探讨。这是按学生的认知水平和接受能力进行教学。因为，学习要由浅入深，教学不能超越学生的基础和认知能力。这七个方面，是教育教学所必须遵守的基本原则。《记》中说"凡是办学，都要先按照将来做官的身份和规则来要求学生，用贤士的心胸和志向来鞭策学生"就是这个意思吧。

大学的教学制度是：常规教学必须有正式的课程，学生放学回到住处，还要有课外的学习。课外不去学拨弄杂曲以练习手指，课内就学不好琴瑟；课外不去学一些有关声韵的知识，课内就学不好诗文；课外不去学洒水扫地、陪客说话、迎送尊长等杂事，课内就不能学好礼仪；学校不提倡艺术技能的学习和演练，学生也就不会对学习感兴趣。所以，有学识的人在学习过程中，善于深居求学，潜心钻研学问，注重用课外学习来滋养学问，在游历中丰富自己的学问。只有这样做，学生才能巩固学习，亲近教师，交好朋友，恪守信念。有此，学生将来即使离开了老师的辅导，学业和政治上也不会发生倒退。《兑命》篇中说"尊重师长，谦逊修业，务必时时刻刻勤奋努力，只有勤学苦练，才能获得成功"就是这个意思吧。

现在的教师进行教学，总是照本宣科，而且还不断地申斥学生，说话的语气大多是责备、数落。教学进度根本不顾及学生是否已经学会和巩固；指使学生做事,不会调动学生的主动性,让学生诚心实意地去做;教育学生不能根据学生的资质条件,挖掘潜力,培养特长,克服缺点;教师的教学违背规律,学生的学习不得法。这样一来,学生就会厌恶学习,憎恨老师,苦于学习的艰难,体验不到学习的好处。学生即使修完了学业,也会很快忘掉。教育教学没有成效,大概原因就在于此吧。

大学教育的方法是:在学生不良行为发生前就要通过教育加以禁止,这叫"预防";当学生适宜接受的时候进行教学和训练,这叫"适时";不超越学生的知识基础和认知能力而传授知识,加以教导,这叫"循序";组织学生交流切磋,相互吸取对方的学习优点,不断地完善自己的知识,这叫"观摩"。这四项,就是教育教学之所以能够取得成功的原因吧。

到了不良行为发生了教师才去制止,学生就会有抵触情绪,并且也难以克服;错过了适当的教学时机,再让学生去学习,学生即使勤奋刻苦,也难以取得好的成就;教学没有条理,不按认知规律进行,就会让学生感到头绪混乱而难以理解;只是个人独自学习,没有同学相互切磋交流,就会显得孤独狭隘,见识浅薄;只顾玩乐的学生相互结交,必然会合伙对抗老师的管束;老师上课要求不严格,缺乏严明的学习纪律,必然导致学生的学业荒废。这六项,就是导致教育教学失败的原因吧。

有学识的人,既知道教育取得成功的原因,也明白导致教育失败的缘故,这样就可以称得起一个合格的教师了。所以,有学识的人的教学,总是善于用诱导的方法,那就是:引导学生,但不是牵着他们走;勉励他们,但不施加压力;开个端倪,但不把道理和盘托出。引导而不牵着走,就能处理好教与学之间的矛盾;勉励而不施加压力,学生就不视学习为畏途;开个端倪而不和盘托出,就可以让学生独立思考。处理好教与学的矛盾关系,学生不视学习为畏途,又能进行独立思考,这样才算是善于诱导了。

学生在学习方面,往往有四种缺点,当教师的必须了解和掌握,做到因势利导。他们在学习当中有些人的缺点表现为贪多务得,不求甚解;有些人的缺点表现在知识面狭窄,孤陋寡闻;有些人的缺点表现在把学习看得过于容易,而不肯刻苦钻研;有些人的缺点表现为浅尝辄止,畏难而退。这四种缺点反映了学生对待学习的不同心理状态。教师只有了解和掌握了学生的这些心理状态,才能矫正学生在学习中存在的缺点。良好的教学方法就在于:它既善于发扬学生的优点,又善于矫正学生的缺点。

擅长唱歌的人,能使听众不约而同地跟着他唱;善于教育的老师,可以让学生理解和赞赏他的观点与心意,并努力去实现他的理想和志向。优秀教师的讲述,语言简练而透彻,说理微妙而精善,举例不多却能说明问题。这样,就可以称得上善于教育了,学生才能够继承老师的志向,发扬光大老师的理想和抱负。

真正有学识的人,能够明确系统完备的学问中的难易点,并且知道学问中的美恶之所在,然后才能够运用自己渊博的知识来晓谕他人。能用渊博的知识晓谕他人,就可以当一名合格的教师了;能够当一名好的教师,就可以成为官长;能够做一个受人敬重的官长,才有资格成为一国之君。所以,老师,就是教人当好国家管理者的。因此,选择老师不能不慎重啊!《记》中记载"尧舜禹三位帝王,虞夏商周四代国君之所以能够把天下治理得很好,都是因为他们非常尊重老师"就是这个意思吧。

根据办学的规律来看,能够真心实意地尊敬老师,大概是很难做到的。只有老师受到尊敬,文化知识才会被尊重;只有文化知识被尊重,老百姓才会知道敬重教育。所以,国君不以对待臣子的礼节来对待的臣子,只有两种人:一种是在祭祀中代表受祭祀的人,不能以臣子来对待;一种是当老师的人,不能以臣子来对待。按照大学的礼仪,老师即使受到天子的召见,也不需要面北行君臣之礼,这就是表示对老师的尊重啊。

善于学习的学生,教师不必花多大气力,收效却很大,学生又会把学习成绩归功于教师的教学得法。不善于学习的学生,教师尽管花很大气力,收效却很微,学生又会埋怨教师教学不得法。善于发问的老师,就如同砍伐坚硬的木头一样,先砍那容易砍的部分,后砍那些枝杈关节,经过相当的时间,那些缠绕坚硬的关节就会自然地相互脱离开来。不善于发问的老师就恰好相反。善于对待学生发问的教师,就如同撞钟一样,敲得轻些钟声就小,敲得重些钟声就大,并且需要从容地等待,等到钟声的余音完全消失为止。不善于对待学生发问的老师也恰恰相反。这些都是提高学生学习效果的良好方法。

单纯靠记录别人探讨问题的答案来教学生学习,这样的人不能当老师。好的教师一定会耐心地倾听学生的探讨与交流。学生已经尽力思考,也不能提出问题或者解决问题时,老师才能和学生一起讨论交流。经过老师的启发,学生还是不能明白,这样的问题,即使舍弃掉,也是可以的。

优秀的铁匠给儿子传授冶铁手艺,总是先教他学会用皮革制成鼓风袋;优秀的弓匠给儿子传授造弓手艺,总是先教他学会用柳条编制成箭袋子;刚开始学习驾车的小马与驾车的马正好相反,它会被拴在马车的后面跟着,以适应驾车的环境和道路。有学识的人能够从这三件事中体会出"循序渐进、由浅入深、由易到难、耳濡目染"的道理,就可以依据这些道理来立志办学了。

古代的学习者,善于对事物进行比较、分析、归类、概括和推理,并以此提高自身观察、分析和解决问题的能力。比如,鼓声,不能归类于宫、商、角、徵、羽五声当中的任何一种,但五声中缺少鼓点节奏,就会音调旋律不和谐;水,无法归属于青、黄、赤、白、黑五色中的任何一种颜色,但五色缺少水的调和,绘画的色彩效果就无法表现出来;学者,不属于司徒、司马、司空、司士、司寇当中的任何一种官职,但官员们缺乏学者的知识和学问,他们负责的事情就无法处理;老师,根本不属于斩衰、齐衰、大功、小功、缌麻等五服中的任何一类亲属,但这些亲族成员缺少老师的教导,就难以形成亲近和谐的家族关系。

品格高尚的名人曾经说过:"德高望重的人,并不一定做官;真正有用的治国安邦之道,并不一定受到器重;最高的诚信,并不需要契约来约束;最好的时机,并不是所有的条件都齐备了。"能够明白以上四点道理,就可以据此专心治学了。

尧、舜、禹三代帝王,在祭祀河川时,都是先祭祀黄河,后祭祀大海。因为,河流是大海的源头,大海是河流的汇集。祭川就是重视根本。教育就是治国安邦、化民成俗的根本。

二、《学记》中的教育思想

(一) 关于教育作用与目的

重视教育的社会作用与目的,是先秦儒家学者教育思想的结晶。《学记》对先秦儒家的这一思想,做出了经典性的理论概括,并开宗明义说:"发虑宪,求善良,足以谀闻,不足以动众;就贤体远,足以动众,未足以化民。君子如欲化民成俗,其必由学乎!""玉不琢,不成器;人不学,不知道。是故古之王者,建国君民,教学为先。"《学记》把教育的社会作用与目的概括为"建国君民"与"化民成俗"。一方面强调通过教育,培养国家需要的德才兼备的统治人才,积极推行德政;另一方面强调通过教育,形成统一的社会道德风尚,形成良好的社会习俗,使社会安定,民富国丰,政通人和,国泰民安。这段论述,明显地揭示了教育是立国之本,教育是化民之源。《学记》要求明智的统治者要站在治理国家、统治人民,教化民众,形成良风美俗的高度上,把教育摆在首位,优先发展教育。这一论述成为后世儒家学者在论述教育的作用与目的时的经典性引语,对中国封建社会的教育产生了重要影响。

(二) 关于教育制度与学校管理

《学记》在强调教育的作用,阐明了教育目的的同时,也规划了学校教育制度,并提出了学校管理的具体措施。

1. 关于学校教育制度

《学记》的作者首先以托古改制的方式,规划了教育体系。它说:"古之教者,家有塾,党有庠,术有序,国有学。"家、党、术、国是从地方到中央的行政区划。《学记》的作者提议,在不同的地方行政机构中建立不同等级的学校,在中央建立国立大学和小学以形成纵横交错的教育网络,塾、庠、序、学就是设在家、党、术、国的学校。这一提议对中国封建社会教育体制的形成影响极大,汉代以后,逐渐形成了中央官学和地方官学并立的教育体制。其次,《学记》提出了确立学年编制的设想。《学记》的作者主要谈到了大学的修业年限和时间安排。他把大学的教育划分为"小成"和"大成"两个阶段。"小成"阶段学习年限为7年,"大成"阶段为2年,这是古代学校教育中确立年级制的萌芽。

2. 关于学校管理的具体措施

《学记》首先特别重视大学的入学教育和对学生日常行为的管理。它说:"大学始教,皮弁祭菜,示敬道也。《宵雅》肆三,官其始也。入学鼓箧,孙其业也。夏楚二物,收其威也。未卜禘不视学,游其志也。时观而弗语,存其心也。幼者听而弗问,学不躐等①也。此七者,教之大伦也。"《学记》把入学教育作为大学教育的开始,要求在开学这一天,王子率领文武百官亲临学宫,参加开学典礼,用新鲜的蔬菜、水果等祭祀先圣先师,以表示尊师重道之意。开学典礼结束后,新生入学首先学习的内容是《诗经·小雅》中的三首诗,即《鹿鸣》《四牡》和《皇皇者华》。这是三首君臣宴乐、相互劳问和勤于政务的诗,入学教育学习它们是为了告诉学生,大学教育是培养政府官员的,上了大学就是"官其始也",就等于踏上了仕途的第一步,就要思考今后如何才能做一名忠于君王、勤政爱民的好官。入学教育结束之后,日常的教学工作也必须严格进行。上课的时候,学生只有听到鼓声才能打开书箧,把书取出来,目的是培养学生对待学业的严肃认真的态度。教师上课之前应准备

---

① 躐(liè),超越。学不躐等,意思是说,学习不能超越次第,应循序渐进。

好惩罚学生的教鞭（即"夏楚"），目的是严肃课堂纪律，使学生不敢因懈怠而荒废了学业。天子委派的政府官员或天子本人没有占卜和祭奠先祖，不要到学校里来视察和考核学生的学业成绩，以使学生有更充裕的时间按自己的志趣从容地学习。教师在教学过程中，要经常考察学生的学习状况，及时发现问题，进行正确引导，但不要指手画脚说得太多，为的是能给学生独立思考的余地，让学生充分体会学习的乐趣，培养强烈的求知欲和自学能力。年幼的学生要注意多听少问，依循由浅及深的学习顺序，做到"学不躐等"，这是大学进行日常教育教学管理的基本规程和具体行为指南，明确、具体、具有很强的可行性。其中规定的天子视学制度被继承下来，成为中国封建教育制度的优良传统。

3. 关于成绩考核制度

《学记》的作者提倡大学必须建立严格的成绩考核制度。平时的小考要经常进行，大的成绩考核要每隔一年进行一次，每次考核必须有明确的标准。《学记》说："比年入学，中年考校。一年视离经辨志，三年视敬业乐群，五年视博习亲师，七年视论学取友，谓之小成。九年知类通达，强立而不反，谓之大成。"意思是，大学每年都招收新生入学，大的成绩考核每隔一年进行一次：第一年考查学生"离经辨志"，即学生给经书析句分段的能力和学习志趣；第三年考查其是否"敬业乐群"，即学生是否专心学习与周围的人是否和睦相处；第五年考查其是否能够做到"博习亲师"，即学生的学识是否广博，同老师是否亲密无间；第七年考查其"论学取友"的能力，即学生研究学业的本领和识别朋友的能力。达到这一标准就称"小成"。再过两年，即第九年考查学生能否做到"知类通达，强立而不反"，即对知识能融会贯通，其思想和行为皆能坚定不移，符合标准的就叫"大成"。由此可见，《学记》的作者所提倡确立的成绩考核制度具有循序渐进、智德并重的特点，反映了中国古代教育重德重智的传统。

（三）关于教育教学方法与原则

《学记》的作者总结先秦以来教育教学成功与失败的经验教训，以指出问题为切入点，提出教育、教学过程中应该采用的方法和必须遵循的原则。首先，他指出当时教育、教学过程中所存在的问题。《学记》中有言："今之教者，呻其占毕，多其讯言，及于数进，而不顾其安，使人不由其诚，教人不尽其材，其施之也悖，其求之也佛。夫然，故隐其学而疾其师，苦其难而不知其益也，虽终其业，其去之必速。"所谓"呻其占毕"就是教师只让学生大声朗读课文，而不让学生进行独立思考；"多其讯言"就是只烦琐地提问，一味地教训、灌输，而不注意学生主动精神的培养；"及于数进，而不顾其安"的意思就是在教学过程中，教师只顾赶速度，抢时间而不考虑学生接受能力；"使人不由其诚"的意思是教学只从教育者的愿望出发，而不考虑学生的内心需要；"教人不尽其材"是指教师不考虑学生在个性及才能上的差异，教学一刀切，没有因材施教。这几大弊端对教学工作的危害极大，它导致学生讨厌学习和怨恨教师，把学习当成是痛苦的事情，而体会不到其中的乐趣，这样表面上看虽然学生是每天都在学习，但却在学业上没有获得实质性的进步，即使勉强结束了学业，也会很快遗忘掉。为了纠正教育教学中存在的问题，《学记》论述了"教之所由兴"和"教之所由废"的道理，提出了教育教学过程中应采用的方法。

1. 教育教学方法

"大学之法，禁于未发之谓豫，当其可之谓时，不凌节而施之谓孙，相观而善之谓摩。此四者，教之所由兴也。发然后禁，则扞格而不胜；时过然后学，则勤苦而难成；杂施而不孙，则坏乱而不修；独学而无友，则孤陋而寡闻；燕朋逆其师；燕辟废其学。此六者，教之所由废也。"《学记》中的这段话，可提炼、概括为良好的教育教学方法应是"预、时、孙、摩"。

（1）"预"，就是"预防"，即预防为主。《学记》提倡"禁于未发"，即当学生的坏思想、坏毛病还没有形成的时候,就把它消灭在萌芽状态之中。实践证明,改造旧的要比塑造新的艰难得多,正如《学记》所言,"发然后禁,则扞格而不胜",所以无论是文化知识的教学,还是道德品质的培养,都应采用"预防为主,改造为辅"的方法,这确实是经验之谈。

(2)"时",就是"当其可",即适时施教。《学记》要求教学必须把握住恰当的时机,及时施教。具体包括两层含义:一是青少年要适时入学,在最佳的学习年龄入学读书,莫失良机;二是教师在教学过程中要把握住施教的关键时机,激发学生的求知欲,当学生对知识有强烈渴求的时候,给予及时点化。否则,错过了学习的最佳年龄,错过了形成某种心理品质的关键期,"勤苦而难成"。

(3)"孙",就是"不陵节而施",即循序渐进。《学记》强调"学不躐等",其主要意思包括:①必须考虑学生认识活动的顺序,即考虑学生的接受能力安排教学内容,设计教学方法;②遵循科学知识内部的逻辑系统进行教学,否则"杂施而不孙,则坏乱而不修"。

(4)"摩",就是"观摩",即"相观而善"。《学记》强调师友之间的切磋琢磨,互相取长补短,在集体的研讨、争鸣、竞争中借助集体的力量共同进步。否则,如果一个人孤独地学习,脱离集体环境拒绝学友的帮助而闭门造车,必然造成"孤陋而寡闻"的窘态。但是,择友又必须要慎重,如果与不三不四的人结交,不仅不能达到"相观而善"的目的,反而还会违背师长的教诲,甚至荒废了学业,正所谓"燕朋逆其师""燕辟废其学"。

2. 教育教学原则

《学记》对中国教育史,也是对世界教育史的最大贡献还在于它首次提出了长善救失、藏息相辅的教育教学原则,并继承和发展了孔子以来倡导的启发诱导的教学原则。

(1)长善救失原则。《学记》说:"学者有四失,教者必知之。人之学也,或失则多,或失则寡,或失则易,或失则止。此四者,心之莫同也。知其心,然后能救其失也。"《学记》指出,学生在学习方面往往有四种缺点:或贪多务得,不求甚解;或知识面狭窄,孤陋寡闻;或认为容易,不肯钻研;或浅尝辄止,畏难而退。这四种缺点是由于学生学习时的心理状态不同所造成的,即"心之莫同也"。作为教师,必须了解学生的学习心理,了解不同学生之间的心理差异,做扬长避短、补偏救弊的工作,以促进学生的正常发展。

(2)藏息相辅原则。《学记》要求教师在教学过程中善于处理好学生正课学习与业余爱好(课外学习)之间的关系,使正课学习有主攻方向,业余爱好广泛多样,而且使业余爱好有助于正课的学习。《学记》说:"大学之教也,时教必有正业,退息必有居学。不学操缦,不能安弦;不学博依,不能安诗;不学杂服,不能安礼;不兴其艺,不能乐学。故君子之于学也,藏焉修焉,息焉游焉。"《学记》指出,业余爱好,即"居学"可以辅助正课学习,因为如果课外不去学拨弄杂曲以练习手指,课内就不能熟练地学习琴瑟;课外不去学一些有关声韵的知识,课内就不能深刻地理解《诗经》;课外不练习洒水扫地、陪客说话、迎送尊长这些杂事,课内就不能很好地学习礼仪。所以,在教学过程中,教师必须有意识地引导学生正确处理课堂学习与业余爱好之间的关系,使正课学习,即"藏"有主攻方向,学有所成(修);业余爱好,即"息"活泼多样,饶有兴致,使整个教学活动成为张弛有节、严肃活泼的愉快过程。

(3)启发诱导,即善喻原则。《学记》继承孔子启发诱导的教学思想,要求教师在教学过程中必须充分调动学生的积极性,鼓励学生积极思考,使教学过程成为师生双方共同活动的过程,这是从教必须遵循的指导性原则。《学记》说:"故君子之教,喻也:道而弗牵,强而弗抑,开而弗达。道而弗牵则和,强而弗抑则易,开而弗达则思。和易以思,可谓善喻矣。"意思是说,教师在教学过程中要注意启发诱导,引导学生却不要硬牵着他们的鼻子走,这样才能使师生之间和悦相亲;对学生严格要求,但却不要压抑其个性与需求,只有这样才能使学生感到学习虽有压力但却容易达到目标,不至于"苦其难而不知其益";引导学生打开思路,但不要急于提供现成的答案,才能养成学生独立思考的习惯,在教学过程中真正做到了"和易以思",就算是善喻了。这是《学记》对孔子启发诱导教学思想的继承和发展。

(四) 关于教师的作用与素质

《学记》继承了先秦儒家,尤其是孔子和荀子重视教师问题的光荣传统,认为教学成败的关键在教师。有了好的教师,不合理的规章制度可以得到斧正,不科学的内容体系可以获得调整,不明确的教育目标可以被明确,被突显出来。所以教师是提高教育质量的关键。

1. 关于教师的作用

《学记》用"善歌者,使人继其声;善教者,使人继其志"来形象地说明教师在教育过程中的主导作用。由于人才的成长离不开教师,社会的进步亦离不开教师,所以《学记》提出了尊师的主张。

2. 关于教师应具备的基本素质

《学记》提出教师的主要职责是"长善救失",它说:"教也者,长善而救其失者也。"教师的责任是重大的,全社会都应尊重教师:"三王四代唯其师",这就必然对教师应具备的素质提出很高的要求。教师应该具备"为长""为君"的素质。《学记》说:"能为师然后能为长,能为长然后能为君。"具体谈到教师应具备的素质,则包括以下几个方面:(1) 具有很高的政治素质和道德觉悟。因为"师也者,所以学为君也"。(2) 要有广博的知识。"记问之学,不足以为人师,必也其听语乎",只靠事先备好的课,然后照本宣科,背诵现成的答案,是当不好老师的。做一名合格的教师,必须有广博的知识基础,且精通自己所教授的专业知识,做到博学多长,能够随时回答学生所提出的问题,形成合理的知识结构。(3) 要懂得教育规律。知道"教之所由兴,又知教之所由废"的道理,"然后可以为人师也";要灵活地运用教育原则和方法,在教学过程中能够做到"博喻",即善于启发教学。《学记》说:"君子知至学之难易,而知其美恶,然后能博喻。能博喻然后能为师。"既了解所传授知识的重点、难点,又洞悉学生资质方面的差异,并在此基础上进行有针对性的教学是一个合格教师必须具备的基本条件之一。(4)具备良好的语言表达能力。"其言也,约而达,微而臧,罕譬而喻"意思是说,教师在讲解问题的时候,应该做到语言简明而透彻、精微而稳妥,举例不多但却具有典型性,能够充分地说明问题。

3.关于教师如何进行自我提高的问题

《学记》在世界教育史上首次提出"教学相长"的命题。《学记》说:"虽有嘉肴,弗食不知其旨也;虽有至道,弗学不知其善也。是故学然后知不足,教然后知困。知不足,然后能自反也。知困,然后能自强也。故曰:'教学相长也。'""教学相长"的本意是指教师自身的学习是一种学习,他教导别人的教育实践也是一种学习。由于这两种学习活动的相互推动,才使得教师不断进步,因此,《学记》提倡教师一方面必须向书本学习,只有学习才能发现自己在知识积累上的缺陷和不足,使自己不断进步,这是自我提高的重要途径;另一方面就是要在教学实践中学习,在教学实践中发现自己还有给学生讲不明白的问题,即"知困",才能促使自己自强不息,不断提高业务水平。"教学相长"本意是指教师自身要不断地向书本学习和向教育实践学习,但后来也将其引申为师生相辅相成、相互促进、彼此激励的辩证统一关系。无论是本义,还是引申义,提出"教学相长"的光辉命题都是《学记》对世界教育史的重大贡献。《学记》全文虽然只有不到两千字,但却对我国先秦时期的教育思想和教育实践经验做了高度的概括和总结,它不仅对中国古代教育史的发展产生过深远影响,而且至今仍有重要的参考价值,值得现代的教育工作者认真地研究、借鉴。

【讨论与研究】

1. 列举《学记》中提出的教育教学原则与方法。

2. 阅读下面的材料,并回答问题。

材料：

景春曰："公孙衍、张仪岂不诚大丈夫哉？一怒而诸侯惧，安居而天下熄。"

孟子曰："是焉得为大丈夫乎？子未学礼乎？丈夫之冠也，父命之；女子之嫁也，母命之，往送之门，戒之曰：'往之女家，必敬必戒，无违夫子！'以顺为正者，妾妇之道也。居天下之广居，立天下之正位，行天下之大道；得志，与民由之；不得志，独行其道。富贵不能淫，贫贱不能移，威武不能屈，此之谓大丈夫。"

（《孟子·滕文公下》）

问题：

（1）下列各项中，对上面《孟子》选段的理解，不正确的一项是（　　　　）。

A. 景春对公孙衍等名噪一时的纵横家崇拜不已，认为他们"一怒而诸侯惧"，威震八方，叱咤风云，着实让人羡慕不已，是男子汉大丈夫之所为。

B. 孟子则嘲讽公孙衍等人只会摇唇鼓舌，在诸侯面前竟像妻妾顺从丈夫一样，不问是非，一味顺从，没有仁义道德的准则，只是"妾妇之道"，根本称不上大丈夫。

C. 孟子的语言含蓄而幽默，他以"礼"设譬，通过对女子出嫁时母亲的训导，来说明把顺从当作正理的做法很不可取。

D. 孟子认为真正的大丈夫之道是"得志，与民由之；不得志，独行其道"，与孔子的"用之则行，舍之则藏"的观点不谋而合。

（2）请结合本文，谈谈你对孟子的"大丈夫"的理解。

✍测试与答案

陶行知与《生活教育理论》

一、陶行知简介

（一）陶行知生平

陶行知（1891—1946），现代著名平民教育家，原名文浚，安徽歙（shè）县西乡黄潭源村人。大学期间因推崇明代哲学家王阳明的"知行合一"学说，取名"知行"，以激励自己把所学的知识付诸行动。43 岁时，他在《生活教育》上发表《行知行》一文，认为"行是知之始，知是行之成"，改本名为陶行知。

陶行知幼时家境清贫，6 岁时通过行束脩之礼入私塾开蒙（1897 年），接受儒家教

育,但因家庭原因,时有中辍。1906 年起,在国内先后就读于歙县崇一学堂①(1906—1908 年)、杭州广济医学堂②(1909 年春)和南京金陵大学堂③(1909 年秋—1914 年夏)。1914 年秋赴美国伊利诺伊大学攻读政治学硕士,迈向走向世界的第一步。1915 年 9 月下旬转入梦寐以求的哥伦比亚大学师范学院,攻读教育行政学博士,开启了他的教育生涯之门。就读期间师从杜威(John Dewey)、孟禄(Paul Monroe)、克伯屈(William Heard Kilpatrick)等美国教育家研究教育。1917 年秋学成回国后,先后任南京高等师范学校教授、教务主任,东南大学教育系主任,北京中华教育改进社主任干事,南京安徽公学校长等职。1919 年 2 月,发表《教学合一》,同年在南京高师将"教授法"改为"教学法",不久为全国教育界所采用。4 月,发表《第一流的教育家》,率先提出创造精神的教育思想。1921 年年底,陶行知与蔡元培④等发起成立中华教育改进社,主张反对帝国主义文化侵略,收回教育权利,推动教育改进。1923 年,他又与晏阳初⑤等人发起成全中华平民教育促进会,推行平民教育运动。1925 年任《新教育评论》杂志主编。

1927 年 3 月,陶行知在南京北郊晓庄创办了试验乡村师范学校——晓庄师范,开展乡村教育运动,并提出了"生活即教育""社会即学校""教学做

---

① "崇一学堂"是隶属于基督教内地会的"徽州府崇一私立中学堂"的简称。在崇一学堂,陶行知开始接触西方近代科学文化知识,经受新式西方文化教育的初步洗礼。

② "广济医学堂"是杭州的一所教会学校,由于该校对于非基督徒学生在课程学习等方面有歧视性规定,陶行知只待了三天便愤而退学。

③ 1909 年秋,陶行知考入南京美国教会美以美会办的汇文书院,1910 年春,汇文书院与基督会和长老会合办的宏育书院合并更名为金陵大学堂。金大初创时,仅设文科及若干理科课程,其中文科分预科(2 年)和本科(3 年)两部。

④ 蔡元培(1868—1940),中华民国首任教育总长,民主进步人士。1916 年至 1927 年任北京大学校长时,革新北大,开"学术"与"自由"之风。

⑤ 晏阳初(1890—1990),中国平民教育家和乡村建设家。早期开展平民教育运动时,认为中国的大患是民众的贫、愚、弱、私"四大病",主张通过办平民学校对民众首先是农民,先教识字,再实施生计、文艺、卫生和公民"四大教育",培养知识力、生产力、强健力和团结力,以造就"新民",并主张在农村实现政治、教育、经济、自卫、卫生和礼俗"六大整体建设",从而达到强国救国的目的。1967 年被菲律宾总统授予最高平民奖章"金心奖章"。著有《平民教育的真义》《农村运动的使命》等。

合一"的生活教育理论。1928年,在晓庄师范创办一周年之际自编《中国教育改造》文集。1930年4月遭国民党通缉被迫流亡日本。

1932年,创办了"山海工学团""生活教育社"和"国难教育社",并首创"小先生制"。1939年7月,他在重庆附近的古圣寺为难童创办了育才学校。1945年10月参加中国民主同盟,当选中央常委和教育委员会主任,主编《民主教育》杂志和《民主》周刊。1946年1月,在中共南方局支持下,与李公朴等人在重庆创办了社会大学,并担任校长。同年7月25日,因积劳成疾,突发脑溢血逝于上海。

文 档

主要著作有《中国教育改造》(上海亚东图书馆1928年4月初版本)、《古庙敲钟录》(上海儿童书局1933年10月初印行)、《斋夫自由谈》(上海《申报》馆1932年4月30日初版本)、《教学做合一讨论集》(上海儿童书局1932年10月初版本)、《行知书信》(上海亚东图书馆1929年1月初版本)、《行知诗歌集》(上海儿童书局1933年7月初版本)等。

陶行知毕生从事平民教育事业,提出"以教人者教己,在劳力上劳心"的口号,并且真正做到身体力行,同贫苦学生同劳动、同甘苦。在晓庄师范的茅屋礼堂两旁有一副对联:"和马牛羊鸡犬豕做朋友,对稻粱菽麦黍稷下功夫。"体现了陶行知面对工农大众的教育方针。陶行知成名以后,生活依然俭朴,他曾自撰了"捧着一颗心来,

文 档

不带半根草去"①的对联自勉。鉴于陶行知崇高的精神境界和创造性的工作业绩,毛泽东称赞他为"伟大的人民教育家",宋庆龄尊称他为"万世师表"。

视 频

———————————

① 陶行知的这句教育名言,表达了一种无私奉献的高尚精神!意思是非常高尚,全是付出,不要任何回报。

（二）陶行知轶事两则

陶行知的四块糖果

我国著名教育家陶行知的四块糖果的教育故事，早在教育界传为佳话。故事是这样的：

当年陶行知任育才学校校长的时候，有一天他看到学生王友用泥块砸自己班上的同学，便将他制止，并叫他到校长办公室去。当陶行知到办公室时，见王友已在等他。陶行知掏出第一块糖递给他："这是奖给你的，因为你比我先到办公室。"王友惊疑地接过糖果。接着，陶行知又掏出第二块糖果给王友："这也是奖给你的，我不让你打人，你立刻住手了，说明你很尊重我。"男生将信将疑地接过糖果。陶行知又说："据我了解，你用泥块砸那些男生，是因为他们不守游戏规则，欺负女生，说明你很有正义感。"陶行知掏出第三块糖奖给了王友。王友感动极了，他流着眼泪后悔地说道："陶……陶校长，你……打我两下吧！我错了，我砸的不是坏人，而是自己的同学呀！……"陶行知又掏出第四块糖果说："你已经认识到自己的错误，我再奖给你一块。我的糖果分完了，我们的谈话也该结束了。"

陶行知先生面对犯错误的学生没有采取传统"说教"的教育的方式，而是用爱心——奖励糖果的办法，取得了较好的教育效果，值得我们学习。

陶行知的改名缘由

陶行知原名陶文浚。1911 年在金陵大学读书时,因敬慕王阳明①的哲学思想,奉"知为行之始,行是知之成"为至理名言,于是改名为陶知行。在美国学成归国后,在晓庄师范学校工作期间,他的思想在实践中发生巨变,对知行关系有了新的认识。他说,对王阳明的观点,"余体验所得,适为其反"。他认为,富兰克林、瓦特等人都是先有实践,而后才有了新的发明创造的。于是决定把以前信仰的观点倒转过来,确认"行是知之始,知是行之成"。1931 年他写了一首短诗《三代人》:"行动是老子,知识是儿子,创造是孙子。"到 1934 年 7 月 16 日,他在《生活教育》半月刊上公开声明,改名为陶行知。他曾解释说,我的理论就是行、知、行。行是知之始,知又可以反过来引导行。改名字是力求名实相符。由知行改成行知,这是他对恩师杜威和偶像王阳明的一次革新,也是对 1932 年民国政府实行会考制(应试教育)的坚决抵制。

二、陶行知的经典名篇

(一)《教学合一》②

现在的人叫在学校里做先生的为教员,叫他所做的事体为教书,叫他所用的法子为教授法,好像先生是专门教学生些书本知识的人。他似乎除了

---

① 王阳明(1472—1529),名守仁,别号阳明。明代著名的思想家、文学家、哲学家和军事家,精通儒家、道家、佛家学说。王守仁(心学集大成者)与孔子(儒学创始人)、孟子(儒学集大成者)、朱熹(理学集大成者)并称为孔、孟、朱、王。习近平总书记在 2015 年的"两会"讨论时,谈到"王阳明的心学正是中国传统文化中的精华"。

② 本篇发表在《世界教育新思潮》。原载于 1919 年 2 月 24 日《时报·教育周刊·世界教育新思潮》第 1 号。

教以外，便没有别的本领，除书以外，就没有别的事教。而在这种学校里的学生除了受教之外，也没有别的功课。先生只管教，学生只管受教，好像是学的事体，都被教的事体打消掉了。论起名字来，居然是学校；讲起实在来，却又像教校。这都是因为重教太过，所以不知不觉地就将教和学分离了。然而教学两者，实在是不能分离的，实在是应当合一的。依我看来，教学要合一，有三个理由。

第一，先生的责任不在教，而在教学，而在教学生学。大凡世界上的先生可分三种：第一种只会教书，只会拿一本书要儿童来读它、记它，把那活泼的小孩子做个书架子、字纸篓。先生好像是书架子字纸篓之制造家，学校好像是书架子字纸篓的制造厂。第二种的先生不是教书，乃是教学生。他所注意的中心点，从书本上移到学生身上来了。不像从前拿学生来配书本，现在他拿书本来配学生了。他不但是要拿书本来配学生，凡是学生需要的，他都拿来给他们。这种办法，果然比第一种好得多，然而学生还是在被动的地位，因为先生不能一生一世跟着学生。热心的先生，固想将他所有的传给学生，然而世界上新理无穷，先生安能尽把天地间的奥妙为学生一齐发明？既然不能与学生一齐发明，那他所能给学生的，也是有限的，其余还是要学生自己去找出来的。况且事事要先生传授，既有先生，何必又要学生呢？所以专拿现成的材料来教学生，总归还是不妥当的。那么，先生究竟应该怎样子才好？我以为好的先生不是教书，不是教学生，乃是教学生学。教学生学有什么意思呢？就是把教和学联络起来：一方面要先生负指导的责任，一方面要学生负学习的责任。对于一个问题，不是要先生拿现成的解决方法来传授学生，乃是要把这个解决方法如何找来的手续程序，安排停当，指导他，使他以最短的时间，经过相类的经验，发生相类的理想，自己将这个方法找出来，并且能够利用这种经验理想来找别的方法，解决别的问题。得了这种经验理想，然后学生才能探知识的本源，求知识的归宿，对于世间一切真理，不难取之无尽，用之无穷了。这就是孟子所说的"自得"，也就是现今教育家所主张的"自动"。所以要想学生自得自动,必先有教学生学的先生。这是教学应该合一的第一个理由。

第二,教的法子必须根据学的法子。从前的先生,只管照自己的意思去教学生;凡是学生的才能兴味,一概不顾,专门勉强拿学生来凑他的教法,配他的教材。一来先生收效很少,二来学生苦恼太多,这都是教学不合一的流弊。如果让教的法子自然根据学的法子,那时先生就费力少而成功多,学生方面也就能够乐学了。所以怎样学就须怎样教;学得多教得多,学得少教得少;学得快教得快,学得慢教得慢。这是教学应该合一的第二个理由。

第三,先生不但要拿他教的法子和学生学的法子联络,并须和他自己的学问联络起来。做先生的,应该一面教一面学,并不是贩买些知识来,就可以终身卖不尽的。现在教育界的通病,就是各人拿从前所学的抄袭过来,传给学生。看他书房里书架上所摆设的,无非是从前读过的几本旧教科书;就是这几本书,也还未必去温习的,何况乎研究新的学问,求新的进步呢?先生既没有进步,学生也就难有进步了。这也是教学分离的流弊。那好的先生就不是这样,他必是一方面指导学生,一方面研究学问。如同柏林大学包尔孙先生(F.Paulsen)说:"德国大学的教员就是科学家,科学家就是教员。"德国学术发达,大半靠着这教学相长的精神。因为时常研究学问,就能时常找到新理。这不但是教诲丰富,学生能多得些益处,而且时常有新的材料发表,也是做先生的一件畅快事体。因为教育界无限枯寂的生活,那是因为当事的人,封于故步,不能自新所致。孔子说:"学而不厌,诲人不倦。"真是过来人阅历之谈。因为必定要学而不厌,然后才能诲人不倦;否则年年照样画葫芦,我却觉得十分地枯燥。所以要想得教育英才的快乐,似乎要把教学合而为一。这是教学应该合一的第三个理由。

总之:一,先生的责任在教学生学;二,先生教的法子必须根据学的法子;三,先生须一面教一面学。这是教学合一的三种理由。第一种和第二种理由是说先生的教应该和学生的学联络;第三种理由是说先生的教应该和先生的学联络。有了这样的联络，然后先生学生都能自得自动，都有机会方法找那无价的新理了。

（二）《教学做合一》①

教学做合一是本校的校训，我们学校的基础就是立在这五个字上，再也没有一件事比明了这五个字还重要了。说来倒很奇怪，我在本校从来没有演讲过这个题目，同志们也从没有一个人对这五个字发生过疑问。大家都好像觉得这是我们晓庄的家常便饭，用不着多嘴饶舌了。可是我近来遇了两件事，使我觉得同志中实在还有不明了校训的意义的。一是看见一位指导员的教学草案里面把活动分成三方面，叫做教的方面、学的方面、做的方面。这是教学做分家，不是教学做合一。二是看见一位同学在《乡教丛讯》②上发表一篇关于晓庄小学的文章。在这篇文章里，他说："晓庄小学的课外作业就是农事教学做。"在教学做合一的学校的辞典里并没有"课外作业"。课外作业是生活与课程离婚的宣言，也就是教学做离婚的宣言。今年春天洪深③先生创办电影演员养成所，招生广告上有采用"教""学""做"办法字样。当时我一见这张广告，就觉得洪先生没有十分了解教学做合一。倘使他真正了解，他必定要写"教学做"办法，决不会写作"教""学""做"办法。他的误解和我上述的两个误解是相类的。我接连受了这两次刺激，觉得非彻底的、原原本本的和大家讨论明白不可；否则，怕要闹出绝大的误解。思想上发生误解则实行上必定要引起矛盾，所以把这个题目来演讲一次是万不可少的。

---

① 本篇是陶行知 1927 年 11 月 2 日在晓庄师范寅会上的演讲词。原载 1928 年 1 月 15 日《乡教丛讯》第 2 卷第 1 期。选自华中师范学院教育科学研究所主编的《陶行知全集（第 2 卷）》，湖南教育出版社 1985 年版，第 41—43 页。

② 《乡教丛讯》半月刊，中华教育改进社乡村教育同志会会刊，后与晓庄师范合办。

③ 洪深（1894—1955），江苏武进（今属常州市）人，电影导演，剧作家，戏剧批评家，教育家，社会活动家。1930 年至 1932 年相继写出了抨击罪恶封建制度的农村三部曲《五奎桥》、《香稻米》、《青龙潭》，是五四以来话剧创作中的佳作。

我自回国以后,看见国内学校里先生只管教、学生只管受教的情形,就认定有改革之必要。这种情形以大学为最坏。导师叫做教授,大家以被称教授为荣。他的方法叫做教授法,他好像是拿知识来赈济人的。我当时主张以教学法来代替教授法,在南京高等师范学校校务会议席上辩论两小时,不能通过,我也因此不接受教育专修科主任名义。民国八年①,应《时报·教育新思潮》②之征,撰《教学合一》一文,主张教的方法要根据学的方法。此时苏州师范学校首先赞成采用教学法。继而"五四"事起,南京高等师范同事无暇坚持,我就把全部课程中之教授法一律改为教学法。这是实现教学合一的起源,后来新学制③颁布,我进一步主张:事怎样做就怎样学,怎样学就怎样教;教的法子要根据学的法子,学的法子要根据做的法子。这是民国十一年的事,教学做合一的理论已经成立了,但是教学做合一之名尚未出现。前年在南开大学演讲时,我仍用教学做合一之题,张伯苓先生拟改为学做合一,我于是豁然贯通,直称为教学做合一。去年撰《中国师范教育建设论》时,即将教学做合一之原理作有系统之叙述。

我现在要把最近的思想组织起来作进一步之叙述。教学做是一件事,不是三件事。我们要在做上教,在做上学。在做上教的是先生,在做上学的是学生。从先生对学生的关系说:做便是教;从学生对先生的关系说:做便是学。先生拿做来教,乃是真教;学生拿做来学,方是实学。不在做上用功夫,教固不成教,学也不成学。从广义的教育观点看,先生与学生并没有严格的分别。实际上,如果破除成见,六十岁的老翁可以跟六岁的儿童学好些事情。会的教人,不会的跟人学,是我们不知不觉中天天有的现象。因此教学做是合一的。因为一个活动对事说是做,对己说是学,对人说是教。比如种田这件事是要在田里做的,便须在田里学,在田里教。游泳也是如此,游

---

① 民国八年,即 1919 年。

② 《时报·教育新思潮》,即《时报》副刊《世界教育新思潮》专栏,由蒋梦麟主编,陶行知为专栏主要撰稿人之一。

③ 新学制指 1922 年北洋政府颁布的学制,又称壬戌学制。

水是在水里做的事，便须在水里学，在水里教。再进一步说，关于种稻的讲解，不是为讲解而讲解，乃是为种稻而讲解；关于种稻而看书，不是为看书而看书，乃是为种稻而看书；想把种稻教得好，要讲什么话就讲什么话，要看什么书就看什么书。我们不能说种稻是做，看书是学，讲解是教。为种稻而讲解，讲解也是做；为种稻而看书，看书也是做。这是种稻的教学做合一。一切生活的教学做都要如此，方为一贯。否则教自教，学自学，连做也不是真做了。所以做是学的中心，也就是教的中心。"做"既占如此重要的位置，宝山县立师范学校竟把教学做合一改为做学教合一，这是格外有意思的。

(三)《生活即教育》①

今天我要讲的是"生活即教育"。中国从前有一个很流行的名词，我们也用得很多而且很熟的，就是"教育即生活"。教育即生活这句话，是从杜威先生那里来的，我们在过去是常常用它，但是，从来没有问过这里边有什么用意。现在，我把这句话翻了半个筋斗，改为"生活即教育"。在这里，我们就要问："什么是生活？"有生命的东西，在一个环境里生生不已的就是生活。譬如一粒种子一样，它能在不见不闻的地方而发芽、抽条、开花。从动的方面看起来，好像晓庄剧社在舞台演戏一样。"生活即教育"这个演讲，从前已经讲了两套，现在重提我们的老套。

第一套就是：

是生活就是教育，不是生活的就不是教育；

是好生活就是好教育，是坏生活就是坏教育；

是认真的生活就是认真的教育，是马虎的生活就是马虎的教育；

是合理的生活就是合理的教育，是不合理的生活就是不合理的教育；

不是生活，就不是教育；

---

① 本篇原载 1930 年《乡村教师》第 9 卷。选自华中师范学院教育科学研究所主编的《陶行知全集(第 2 卷)》，湖南教育出版社 1985 年版，第 180—187 页。

所谓之生活未必是生活，就未必是教育。

第二套是第二次讲的时候包括进去的，是按着我们此地的五个目标加进去的，就是：

是康健的生活，就是康健的教育；是不康健的生活，就是不康健的教育；

是劳动的生活，就是劳动的教育；是不劳动的生活，就是不劳动的教育；

是科学的生活，就是科学的教育；是不科学的生活，就是不科学的教育；

是艺术的生活，就是艺术的教育；是不艺术的生活，就是不艺术的教育；

是改造社会的生活，就是改造社会的教育；是不改造社会的生活，就是不改造社会的教育。

近来，我们有一个主张，是每一个机关、每一个人在十九年里都要有一个计划。这样，在十九年里我们所过的生活，就是有计划的生活，也就是有计划的教育。于是，又加了这样一套：

是有计划的生活，就是有计划的教育；是没有计划的生活，就是没有计划的教育。

我今天要说的就是：我们此地的教育，是生活的教育，是供给人生需要的教育，不是作假的教育。人生需要什么，我们就教什么。人生需要面包，我们就得受面包教育；人生需要恋爱，我们就得过恋爱生活，也就是受恋爱教育。以此类推，照加上去：是那样的生活，就是那样的教育。

与"教育即生活"有连带关系的就是"学校即社会"。"学校即社会"也就是跟着"教育即生活"而来的，现在我也把它翻了半个筋头，变成"社会即学校"。整个的社会活动，就是我们的教育范围，不消谈什么联络，而它的血脉是自然流通的。不要说"学校社会化"。譬如现在说要某人革命化，就是某人本来不革命，假使某人本来是革命的，还要他"化"什么呢？讲"学校社会化"，也是犯同样的毛病。"社会即学校"，我们的学校就是社会，还要什么"化"呢？现在我有一个比方：学校即社会，就好像把一只活泼泼的小鸟从天空里捉来关在笼里一样。它要以一个小的学校去把社会上所有的一切东西都吸收进来,所以容易弄假。社会即学校则不然,它是要把笼中的小鸟放到天空中去,使它能任意翱翔,是要把学校的一切伸张到大自然界里去。要先能做到"社会即学校",然后才能讲"学校即社会";要先能做到"生活即教育",然后才能讲到"教育即生活"。这样的学校才是学校,这样的教育才是教育。

(四)《创造的教育》①

诸位同学:

我今天的讲题是《创造的教育》。

什么是创造的教育?先说明"创造"两个字的意义。我举两个例子来说吧。鲁滨逊漂流到荒岛上去,口渴了,白天他走到岩洞里用手去捧水喝,到黑夜里就没有办法了。他偶尔在灶的旁边,看见经火烧过的泥土,硬得如石子一样。他想到软的土经火烧了,就成坚固且硬的东西,于是他把土做成三个瓶子,放入火中去烧,烧碎了一个,其余的两个可以满满的盛着水。于是他口渴的问题完全解决了。我们把这件事分析起来,可以发现三点:他把手捧水喝,到黑夜发生了困难,是他的行动;发现泥土经过火烧变成坚固且硬的东西,也是他的行动;把泥土塑成了瓶,希望同烧过的土一样的坚固,是他的思想。结果,他瓶子盛水的计划成功了,是新价值的产生。由行动而发生思想,由思想产生新价值,这就是创造的过程。这个例子是"物质的创造"。再如《红楼梦》上刘姥姥游大观园,贾母请客,后来唤了二只船来,贾母同媳妇人等在前船先行,宝玉同姊妹们在后船后行。河内氽满着破残荷叶,宝玉的船划不快,追不上前船。宝玉心里非常恼怒,马上要铲光破荷叶。薛宝钗说:"现在仆人们很忙碌,等他们空了,再叫他们铲除吧!"林黛玉说:"我

---

① 本篇系陶行知在上海大夏大学的演讲记录一部分。该演讲记录原载 1933 年 3 月《教育建设》第 5 集。本篇选自华中师范学院教育科学研究所主编的《陶行知全集(第 2 卷)》,湖南教育出版社 1985 年版,第 610—615 页。

平生最不喜欢李义山①的诗,只有一句还可以。"宝玉问她究竟是哪一句呢?黛玉说,"留得残荷听雨声"一句。宝玉一想,觉得破荷叶很有用处,就不再要铲荷叶了。这个例子中,船行到荷叶中去,是行动;破荷叶妨碍行船,是行动;林黛玉提出李义山的诗句,是思想。宝玉心中厌恶的破荷叶,一变而为可爱的天然乐器,是产生了新的价值。这种新观念的成立,是"心理的创造"。

我现在再讲行动,关于教育上的行动。中国现在的教育是关门来干的,只有思想,没行动的。教员们教死书,死教书,教书死;学生们读死书,死读书,读书死。所以那种教育是死的教育,不是行动的教育。我们知道王阳明先生是提倡"知行合一"说的,他说:"知是行之始,行是知之成。"他的意思是先要脑袋里装满了学问,方才可以行动。所以大家都认为学校是求知的地方,社会是行动的地方。好像学校与社会是漠不相关的,以致造成一班只知而不行的书呆子。所以阳明先生的两句话,很可以代表中国数千年的传统教育的思想。现在我要把他的话翻半个筋斗——如果翻一个筋斗,岂非仍是还原吗?所以只叫翻半个筋斗——就是说:"行是知之始,知是行之成。"例如爱迪生发明电灯,不是从前的人告诉他的,是玩把戏而偶然发现的。小孩子不敢碰洋灯泡,是他弄火烫痛的经验。至于妈妈告诉他火是烫人的,不过使小孩子格外清楚一些。所以要有知识,是要从行动中去求来,不行动而求到的知识,是靠不住的。有人告诉你这是白的,那是黑的,你不行动,就不能知道哪个是真,哪个是假。有行动的勇敢,才有真知识的收获。书本子的东西,不过告诉你别人得来的知识。有许多人著书,东抄西袭,这种抄袭成章的知识,不是自己知识的贡献。你能行动,行动才生困难,想法解决了困难,才是真知识的获得。……

有行动才能得到知识,有知识才能创造,有创造才有热烈的兴趣。所以我们主张"行动"是中国教育的开始,"创造"是中国教育的完成。

---

① 李义山(约813—约858),即李商隐,唐代诗人。

三、陶行知的生活教育理论

生活教育理论是陶行知教育思想的主线和重要基石,该理论除了生活教育的目的观、生活教育的课程观和生活教育的师资培养[①]外,主要包括生活即教育、社会即学校、教学做合一三个方面,主张教育同实际生活相联系,反对死读书,注重培养儿童的创造性和独立工作能力。

(一) 生活即教育[②]

"生活即教育"是陶行知生活教育理论的核心,也是生活教育理论的本体论。

首先,"生活即教育"表明了生活就是教育,生活本身含有教育的意义。"生活教育是生活所原有、生活所自营、生活所必需的教育。教育的根本意义是生活之变化。生活无时不变,即生活无时不含有教育的意义。因此,可以说:'生活即教育'。"在陶行知看来,"生活"是人类一切实践活动的总称。教育的范围与生活的范围相等,到处是生活,到处是教育,"整个的社会活动,就是我们的教育范围"。

其次,"生活即教育"表明了生活决定教育。教育是由于人类的社会生活需要而产生的。生活本身对教育的产生和发展提出了客观要求,同时又为教育的产生和发展提供了可能性,生活是教育的需要。同时,接受教育的对象是人,教育必须以人的生活为基础,满足人发展的需要。他认为,生活

[①] 生活教育的目的观是"教人求真、学做真人";生活教育的课程观是"生活课程化、课程生活化";生活教育的师资培养是发展师范教育——生活教育理论的实施须要有生活力的教师,有生活力的教师要靠有生活力的师范学校来培养。

[②] 1922年,陶行知在《时事新报》副刊《学灯》上发表《生活教育》一文,用英文表述了"生活教育"的观念和思想:Education of life,Education by life,Education for life,即生活的教育,用生活来教育,为生活而教育。

教育"是供给人生需要的教育,不是作假的教育,人生需要什么,我们就教什么。人生需要面包,我们就得受面包教育;人生需要恋爱,我们就得过恋爱生活,也就是受恋爱教育。以此类推,照加上去:是那样的生活,就是那样的教育"。"我们是现代人,要过现代的生活,就是要受现代的教育。"教育只有通过生活才能成为真正的教育,而教育要体现其对生活的改造作用,也必须通过生活来进行。

第三,"生活即教育"表明了生活需要教育,教育对生活具有促进作用。陶行知认为,教育要为生活需要而服务,教育与生活是连在一起的。就生活的需要而言,教育的作用在于改造或改进人的生活,提高人的生活质量。一方面,教育作用于人的生活,实际上就是改造人,感化、改造就是教育作用于生活的方式。另一方面,教育通过经验、文化的传承,从而满足人类生活的需要。陶行知认为,教育所追求的是高尚的生活、完全的生活、精神上的生活、连续不断的生活。教育的根本目的在于建构人的完满高尚的生活,即实现人生的价值。也就是说,教育是生活原本应有的东西,是人生原有的,教育与生活本来就是不可分割的。

他还指出,"生活教育与生俱来,与生同去。出世便是破蒙,进棺材才算毕业"。可见,"生活即教育"是一种终身教育,与人生共始终的教育。

(二) 社会即学校

"社会即学校"是陶行知生活教育理论的另一个重要命题,是生活教育的场所。

陶行知认为自有人类以来,社会就是学校。如果从大众的立场上看,社会是大众唯一的学校,生活是大众唯一的教育。统治阶级、士大夫为何不承认这种观点,是因为他们有特殊的学校给他们的子弟以特殊的教育。陶行知反对这种特殊的不平等的教育,提出"社会即学校",以此来推动大众的普及教育。

陶行知提出"社会即学校",在于要求扩大教育的对象、学习的内容,让更多的人受教育。他指出:"我们主张'社会即学校',是因为在'学校即社会'①的主张下,学校里的东西太少,不如反过来主张'社会即学校',教育的材料、教育的方法、教育的工具、教育的环境,都可以大大地增加,学生、先生可以多起来。"陶行知提出"社会即学校"的主张和"生活即教育"一样,也在于反对传统教育与生活、学校与社会相脱节、相隔离。

他认为"学校即社会,就好像把一只活泼泼的小鸟从天空里捉来关在笼里一样。它要以一个小的学校去把社会上所有的一切东西都吸收进来,所以容易弄假"。而且这种教育在"学校与社会中间造成了一道高墙",把学校与社会生活隔开了。陶行知提出"社会即学校"是"要把笼中的小鸟放到天空中去,使它能任意翱翔,是要把学校的一切伸张到大自然界里去"。

(三) 教学做合一

"教学做合一"是陶行知生活教育理论的方法论,也是对生活与教育关系的进一步说明,更是"生活即教育""社会即学校"观点的实践过程。它包含以下三层含义。

其一,"教学做合一"是一种新式教学法。概括地说,就是"教人者先教己","己明者后明人"。无论在先"教己"后"教人",还是"己明"再去"明人",都必须通过"做"来实现。正如陶行知所说:"事怎样做就怎样学,怎样学就怎样教;教的法子要根据学的法子,学的法子要根据做的法子。""先生拿做来教,乃是真教;学生拿做来学,方是实学。"

其二,"教学做合一"是生活现象的说明。陶行知指出:"教学做是一件事,不是三件事。我们要在做上教,在做上学。"用陶行知的话说,"教学做合一"是生活现象之说明,即教育现象之说明。在生活里,对事说是做,对己之长进说是学,对人之影响说是教,教学做只是一种生活之三方面,不是三个

---

① "学校即社会"是陶行知的老师、美国教育家杜威的观点。

各不相谋的过程。

其三,"教学做合一"是"真知识"的源泉。实践是检验真理的唯一标准。在陶行知看来,世间的知识有真、伪之分。所谓真知识,是从经验里发芽抽条开花结果的真知灼见,是由思想与行动结合而产生的知识,它的根是"要在经验里的"。所谓伪知识,往往是拿着"读书"两个字做护身符,"不是从经验里发生出来的知识"。但是,陶行知并没有否定间接知识的重要性。从整个人类知识体系来看,知识的根必须安在经验里,并不是说样样知识都要从自己的经验上得来,对于别人经验里所发生的知识,可以用"接树"一样的方法去"接知",为我所用,使之成为自己的真知识。这种"别人经验里所发生的知识"就是文字知识,所以知识的一部分藏在文字里。

值得指出的是:"教学做合一"的"做"与杜威的"从做中学"中的"做"是有区别的。首先,陶行知所说的"做"是指"劳力上劳心",反对劳力与劳心脱节。其次这个"做"亦是"行是知之始"的"行"。陶行知指出:"教学做合一既以做为中心,便自然而然地把阳明、东原①的见解颠倒过来,成为'行是知之始''重知必先重行'。"他认为"有行的勇气才有知的收获"。可见陶行知的"做"是建立在"行"的基础上,是以"行"求知,强调"行"是获得知识的源泉。

【讨论与研究】

1. 阅读陶行知的《教学做合一》原文,简述其"教学做合一"思想的主要内容。

2. 阅读下面材料,根据要求写一篇论说文。

材料1:[意]亚米契亚《爱的教育》:倡导谅解与友爱。

材料2:陶行知:"爱满天下。"

---

① 阳明虽倡知行合一之说,无意中却流露出"知是行之始"之意见。东原更进一步主张"重行必先重知"。

材料3：丰子恺在谈到他的老师时说，李叔同先生是"爸爸的教育"，夏丏尊先生是"妈妈的教育"。

材料4：冰心："有爱就有教育。"

要求：

请联系现实和自己的生活体验，围绕"爱与教育"，写一篇不少于800字的文章。要求用规范的现代汉语写作，立意自定，观点明确，分析具体，条理清楚，语言流畅。

✎测试与答案

夸美纽斯与《大教学论》

一、夸美纽斯生平[①]

扬·阿姆斯·夸美纽斯(J.A.Comenius，1592—1670)，17 世纪捷克伟大的资产阶级民主主义教育家，西方近代教育理论的奠基者，是人类教育史上里程碑式的人物，被誉为"教育学之父"。

1592 年，夸美纽斯出生在一位"捷克兄弟会"（捷克的一个民主教派）会员的家庭中。

1604 年，12 岁的夸美纽斯失去父母，两位姐姐也相继夭折。这不幸命运的打击中断了他在兄弟会初等学校的学习生活。

---

① 参考刘新科、栗洪武主编的《中外教育名著选读》，中国人民大学出版社 2008 年版，第 335—336 页。

1608 年,16 岁的夸美纽斯受兄弟会资助,进入普列罗夫(Prerau)市的拉丁文法学校(中学)学习。在校三年期间,他刻苦自励,发愤学习,成绩优秀,表现出卓越的才能。

1611 年毕业后,夸美纽斯于同年 3 月 30 日被兄弟会选送到德国的赫尔伯恩(Herborn)大学学习哲学和神学。大学期间,他系统地学习了古代思想家的著作,研究了人文主义者的思想,接触了新兴的自然科学知识,了解了宗教改革以来各国的教育发展动向,探讨了当时德国著名教育家拉特克和安德累雅等人的教育革新主张。这为他后来从事文化教育活动打下了良好的根基。

1614 年,夸美纽斯从德国的海德堡徒步回国,被兄弟会委任为他的母校——普列罗夫拉丁文法学校的校长。他以极大的热忱献身于教育事业,开始研究教育改革问题。同年被选为兄弟会牧师,在奥尔光兹担任圣职。

1616 年在教育革新上作了第一次尝试,参照克拉克的方法编写了一本小型的语法指南《简易语法规则》。

1620 年 11 月,捷克军队战败,捷克兄弟会受到残酷迫害。夸美纽斯和一些兄弟会员辗转流离于深山密林之中,丧失了所有的藏书和手稿。

1622 年年初,战争带来了瘟疫,他的妻子和两个孩子染疫丧生,他再次遭到了沉重的打击。战争夺去了祖国的尊严和妻儿的生命,也夺去了他研究教育的美好的时光。

1628 年,他被迫迁居波兰的黎撒。此后,夸美纽斯漂泊国外,始终未能返回祖国。

1631 年,夸美纽斯编写了拉丁文教科书《语言入门》,这是一本学习语文知识的初级读物。这本针对初学者的读本在整个欧洲获得了巨大的成功,从而确立了夸美纽斯作为一名教育改革者的声望。

1632 年,夸美纽斯出版了《母育学校》一书,在人类史上首次为 6 岁以下儿童制定了详细的教育大纲,这是教育史上第一本系统论述学前教育的专著。

1632 年,夸美纽斯撰写出世界教育史上第一部系统的教育学理论巨著《大教学论》。《大教学论》全面地论述了改革中世纪的旧教育、建立资本主义新教育的主张,提出了一套完整的教育理论体系,第一次把教育学从哲学中独立出来,完成了教育理论上有史以来重大的变革。它开创了近代教育理论的先河,成为划时代的巨著。因此,夸美纽斯被称为近代的"教育巨匠"和"教育理论的始祖",也有人称他是教育学上的"哥白尼"。

1642 至 1654 年,夸美纽斯主要撰写了《泛智学校》(1650 年)、《论天赋才能的培养》(1650 年)、《组织良好的学校的准则》(1652 年)、《青年行为守则》等教育著作和论文,以及著名的教科书《世界图解》(1654 年)。

1654 年,他再次回到黎撒,继续研究"泛智论"。

1656 年,黎撒城毁于波兰与瑞典的战争,夸美纽斯应邀前往荷兰阿姆斯特丹工作和定居。

1658 年,夸美纽斯根据适应自然和直观教学原则编写的小学教科书——儿童启蒙读物《世界图解》出版发行,在欧洲引起了轰动。这是一本简化的语言入门书,为年龄太小、不能学《语言入门》的孩子所写。该书是西方教育史上第一本附有插图的对儿童进行启蒙教育的小百科全书。该书构思新颖、内容广泛、图文并茂,被译成了多种文字,流行了近 200 年,堪称教材一绝。

1670 年 11 月初,夸美纽斯病倒在床,可他仍不忘兄弟会的前途和命运,即使在临终之际,对尚未完成的"泛智论"著作还耿耿于怀,仍然不忘教育事业。他把儿子叫到床前,一再嘱咐要整理好他的所有手稿和草稿,以待出版,留给后世。

文档

1670 年 11 月 15 日,夸美纽斯带着对祖国的眷恋之情与世长辞,遗体葬于荷兰阿姆斯特丹附近的纳尔登(Naarden)。

视频

二、《大教学论》简赏

（一）《大教学论》的结构与内容①

正如夸美纽斯在其《大教学论》一书《致意读者》中所写的，"教学论（Didactic）"是指"教学的艺术"，而"大教学论"则要阐明"把一切事物教给一切人类的全部艺术"。目的是寻求并找出一种教学的方法，使教员因此可以少教，但是学生可以多学；使学校因此可以少些喧嚣、厌恶和无益的劳苦，多具闲暇、快乐和坚实的进步；并使基督教的社会因此可以减少黑暗、烦恼、倾轧，增加光明、整饬、和平与宁静。《大教学论》全面论述了人的价值、教育的目的及作用、旧教育的弊病、改革教育的必要性和可能性、学制、教学法、体育、德育、宗教教育、学校管理等。实际上，它包含了教育学的全部内容，并且奠定了今日分科教学法的基础。除了"致意读者"等部分之外，全书共 33 章，可分为六部分，主要内容如下：

第一部分（一至五章），论述人生的目的以及人的可教育性。

第一章，人是造物中最崇高、最完善、最美好的；

第二章，人的终极目标在今生之外；

第三章，今生只是永生的预备；

第四章，永生的预备有三个阶段：知道自己（并知万物），管束自己，使自己皈依上帝；

第五章，这三者（学问、德行与虔信）的种子自然存在我们身上。

作者以《圣经》的《创世纪》为根据，加上传统的神学目的论，认为人不仅要认识自己，而且还要认识上帝，因为上帝是永生、智慧和幸福的根源，人是上帝的造物、爱物和形象。他认为，现世的人生严格讲并不是人生，而是永

---

① 资料来源：http://blog.sina.com.cn/s/blog_6c5895c50100lfkj.html.

生的序幕,世间的生活只是永生的一种预备,其目的是使灵魂利用身体作中介,去为未来的生活预备各种有用的事情。人的终极目标是与上帝共享永恒的幸福,为此,人在有形的造物之中要成为:理性的动物,一切造物的主宰和造物主的形象与爱物。人生的成就要包括:熟悉万物,具有管束万物与自己的能力,使自己与万物均归于万有之源的上帝。人类的一切优点都完全表现在博学、德行和虔信这三种品质中,这是今生与来生的基础,是我们生活的要点。同时他认为人也是可以被教育的,"谁也不能野到不能驯服的境地,只要他肯耐心地倾听教导与知识"。

第二部分(六至九章),主要探讨教育的目的以及教育的社会作用。

第六章,假如要形成一个人,就必须由教育去形成;

第七章,人最容易在少年时期去形成,除了这种年龄就不能形成得合适;

第八章,青年人应当受到共同的教育,所以学校是必需的;

第九章,一切男女青年都应该进学校。

作者认为,知识、德行与虔信的种子是与生俱来的,但应该通过祈祷、教育、行动去培养,只有受过恰当教育之后,人才能成为一个人。教育的目的,就是要从知识、道德、虔信、艺术和身体等方面去发展人。另外,塑造人、教育人应从少年儿童时期开始,因为这时候欲望正在沸腾,思想很迅捷,记忆很牢固。因此,在很小的时候就要把人形成到合乎智慧的标准,养成良好的习惯。

作者认为,学校的产生为少年儿童接受教育创造了必要的条件。不仅有钱有势的人的子女应该进学校,而且一切城镇乡村的男女儿童,不分富贵贫贱,都应该进学校。他坚信人受教育而能获得发展的可能性,驳斥"智力迟钝"儿童不宜学习的论调。"人的心性愈是迟钝孱弱,他便愈加需要帮助,使他能尽量摆脱粗犷和愚蠢";"世上找不出一个人的智性孱弱到了不能用教化去改进的地步"。

第三部分(十至十四章),论证改革旧教育的必要性与可能性,创办新学校。

第十章,学校教育应该是周全的;

第十一章,在此以前没有一所完善的学校;

第十二章,改良学校是可能的;

第十三章,改良学校的基础应当是万物的严谨秩序;

第十四章,教导的严谨秩序应当以自然为借鉴,并且必须是不受任何阻碍的。

作者认为,人人应该受到一种周全的教育,应该借助学校做到:"(1)通过科学与艺术的研究来培植我们的才能;(2)学会语文;(3)形成诚笃的德行;(4)虔诚地崇拜上帝。"学校应成为造就人的工场,实现真正的人生目的。但是在"当时没有一所完善的学校,设立了学校的地方,学校不是为整个社会设立的,而只是为富人设立的;学校教导青年的方法是非常严酷的,学校变成了儿童恐怖的场所,变成了他们的才智的屠宰场,大部分学生对学习与书本都感到厌恶;继续学下去的人都没有获得一种认真的或广博的教育,获得的只是一种荒谬的和害人的教育;学校培养不出合乎德行的品性,培养出的只是一种虚伪的道德外表,一种令人生厌的、外来的文化皮毛和一些专务世俗虚荣的眼光与手脚"。因此,夸美纽斯特别强调要改革旧教育,创办新学校。其新教育的体系主要有以下内容:(1)一切青年都能受到教育;(2)他们都能学到一切可以使人有智慧、有德行、能虔信的科目;(3)教育是生活的预备,能在成年以前完成;(4)实施教育不用严酷或强迫方法,而用温和轻快、自然的方法;(5)这种教育应是真实的、彻底的;(6)教育是轻松的,课堂教学每天只有 4 小时,一个先生可以同时教几百个学生,而所受的辛苦要比现在教一个学生少得多。他认为在宇宙万物中存在着一种普遍的自然秩序,并把教育适应自然作为改革学校的主导原则。他要求教师像园丁、画家和建筑师那样跟随自然的脚步,从自然中寻找教育工作的秩序。秩序是把一切事物教给一切人们的教学艺术的主导原则。另外还有教学的五项原则：(1) 延长生命的原则；(2) 精简科目，使知识能够更快地获得的原则；(3) 抓住机会，使知识一定能被获得的原则；(4) 开发心智，使知识容易获得的原则；(5) 使判断力变锐利、使知识能够彻底地被获得的原则。

第四部分(十五至十九章)，详细论证了教学的基本规律和原则。

第十五章，延长生命的基础；

第十六章，教与学的一般要求；即一定能产生结果的教与学的方法；

第十七章，教与学的便易性原则；

第十八章，教与学的彻底性原则；

第十九章，教与学的简明性与迅速性原则。

作者指出，良好的学校组织主要在于工作与休息分配得当，有赖于读书、松缓、紧张的间隙与娱乐的分配。教师要引导儿童遵守饮食有节制、身体有运动、工作有休息这三个原则，尽可能长久地保持生命与健康。为了使儿童能茁壮成长，作者对教与学提出了一系列要求和建议，如人类的教育要从儿童时期开始；早晨最宜读书；一切学科都应加以排列，使其适合学生的年龄等。夸美纽斯着重对教学的便易性、彻底性和迅速性原则进行了阐述，提出了许多宝贵的建议，如废除强制灌输的方法，多方激发儿童学习的自觉性和主动性；教学应从观察开始，运用直观方法；教学内容的安排要由易到难，由简到繁，由近及远，从一般到特殊，务使先学的为后学的扫清道路；依据学生的智力特点安排课程；加强练习、实践以巩固知识；实行班级授课制，制订详细的教学计划等。

第五部分(二十至二十五章)，专门论述教育方法。

第二十章，科学教学法；

第二十一章，艺术教学法；

第二十二章，语文教学法；

第二十三章,道德教育的方法;

第二十四章,灌输虔信的方法;

第二十五章,假如我们想要按照真正基督教的法则去改良学校,我们就应为学校排除异教徒所写的书籍,至少用来也得较之以往更加小心一点。

作者认为,科学是关于自然的知识,讲授科学必须遵守下列规则:(1)向学生讲授所有应该知道的事物;(2)所教的内容能在日常生活中应用;(3)要通过事物的原因去教;(4)先教事物的一般原则,后教事物的细节;(5)一切事物都必须按照适当的顺序去教授;(6)要强调事物之间的区别,使学生得到的知识更清晰和明白。

艺术与实践息息相关,学生学会一种艺术,除了备好工具、材料和模型之外,还需要三件事:材料的正确利用、熟练的指导、经常的实践。因此,艺术的教学必须强调模仿、练习和不断的实践。

语文是一种手段,可使我们得到知识,并把知识传授给别人。语文教学要注意掌握语法规则、和事物的学习相联系、多实践运用这三个问题。

在道德教育方法上,他提出了以下建议:(1)主要的德行,如持重、节制、坚忍与正直应当首先培植;(2)持重应当从接受良好的教导,从学习事物间的真正区别和那些事物的相对价值中去获得;(3)节制应当在儿童的饮食、睡眠与起床、工作与游戏等方面去培养;(4)坚忍应当从自我克制中学习;(5)德行应该在邪恶尚未占住心灵之前,早早就教;(6)德行是由经常做正当的事情学来的。另外关于教材的问题,他认为《圣经》是知识的唯一真实来源,学生应以全部时间去寻求它们的真实意义。

第六部分(二十六至三十三章),讨论学校的管理。

第二十六章,论学校的纪律;

第二十七章,论学校根据年龄与学力的四重区分;

第二十八章,母育学校素描;

第二十九章,国语学校素描;

第三十章,拉丁语学校素描;

第三十一章,论大学;

第三十二章,论教导的普遍和完善的秩序;

第三十三章,论实行这种普遍方法的前提。

夸美纽斯认为,纪律是学校的发动力和推动力。但纪律教育不是强制和鞭挞,应该用良好的榜样、温和的言辞,并且不断诚恳地、直率地关心学生,突发的愤怒只能用在例外的情境上面,应当心存使结果能恢复良好的感情。

他认为,人从诞生到 24 岁是青春岁月,是培植才智的时期。学习应从婴儿期开始,一直持续到成年,这 24 年的时间可分为四个明显阶段:婴儿期、儿童期、少年期和青年期,每期六年,相应地建立符合其年龄特点的学校。在家庭设立母育学校(Mother-School),由母亲对 1~6 岁的婴儿进行"学前教育",主要训练各种感觉器官,使之学会辨别周围的事物,为以后成长打下基础。在每个乡村和城镇设立国语学校,对所有6~12岁的儿童进行"初等教育",通过学习阅读、书写、图画、唱歌、计数、量长等,训练想象力和记忆力。在较大的城市设立拉丁语学校,让 12~18 岁的少年通过学习辩证法、文法和修辞学以及其他根据因果法则的科学和艺术,培养判断力。在国家或省设立大学,对 18~24 岁青年中的"智者"进行"高等教育",学习与意志紧密相关的四科,即神学、哲学、医学和法学。因为这四个学科各有所用,"神学教我们恢复灵魂的和谐;哲学教我们恢复心灵的和谐;医学教我们恢复身体上主要功能的和谐;法学教我们恢复外界事物的和谐"。夸美纽斯认为,以上四种学校所肩负的任务是有区别的。前两种学校的教育属于普及性质,招收一切适龄的男女;拉丁语学校则是为志向超出工场的学生提供更彻底的教育,大学则训练未来的教师和学者,使教会、学校与国家永不缺乏适当的领袖。① 最后,他论述了实现他的教育理想应具备的条件,并且呼吁教师、学者、神学家、帝王、官吏全力支持和实现他的教育理想。

(二)《大教学论》的中国版本

《大教学论》(拉丁语:*Magna Didactic*,英语:*The Great Didactic*),1632 年夸美纽斯用捷克文写就,1635—1638 年他听从友人的劝告,把它译成了拉丁文,同时作了修改与补充。1657 年他将该书列为《教育论著全集》的首卷公开发表。

但是此书很晚才传到中国,20 世纪初,我国学者王国维②对它的内容曾作过简要介绍。1939 年,商务印书馆出版了傅任敢③(1905—1981)的中文译本《大教授学》。中华人民共和国成立后傅任敢改译为《大教学论》,1957 年由人民教育出版社出了新 1 版。在译者去世之前又将译文作了较大的改动,作为外国教育名著丛书的一本,人民教育出版社于 1984 年又出了新 2 版。1999 年 5 月,教育科学出版社出版了傅任敢译的《大教学论》第 1 版。该书共 264 页,21.5 万字。

(三)《大教学论》的简要书评④

《大教学论》是西方教育史上一部划时代的著作,由于它的内容远远超出了"教学"的范围,因此是宝贵的教育遗产,是西方近代最早的有系统的教

---

① 夸美纽斯把这四种学校形象地比喻成春、夏、秋、冬四季:"母育学校使人想起温和的春季,充满形形色色的花香。国语学校代表夏季,那时我们的眼前尽是谷穗和早熟的果实。拉丁语学校相当于秋季,因为这田野和园中的果实都已收获,藏进了我们的心灵仓库。最后,大学可以比作冬季,那时我们把收来的果实准备各种用途,使我们日后的生活能够得到充分的供养。"

② 王国维(1877—1927),浙江嘉兴海宁人。中国近、现代相交时期一位享有国际声誉的著名国学大师,与梁启超、陈寅恪和赵元任号称清华国学研究院的"四大导师"。

③ 傅任敢(1905—1981),湖南湘乡市人。我国著名的教育家。除译有夸美纽斯的《大教学论》外,还译有英国教育家洛克的《教育漫话》等多部西方教育学名著。他还把《学记》译成白话文并加以注释,达到了很高的学术水平。

④ 资料来源:http://blog.sina.com.cn/s/blog_6c5895c50100lfkj.html.

育学著作。《大教学论》的问世,使教育学从以往的哲学、社会学的论述中分化出来,成为一门独立的学科,它标志着独立的教育学产生于世。虽然它的问世距今已近400年,但是书中许多的真知灼见依然还是那样的精辟,依然闪烁着智慧的光芒。

《大教学论》一书创立的教育学体系,奠定了资产阶级教育理论的始基。书中所提的班级授课制是教育史上的进步之举,由个别教学变为集体教学,为学生创造一个相互学习和激励的环境,不同课程的变换有利于学习兴趣的提高,这对普及教育和大面积提高教学效率具有重要意义。经过夸美纽斯的提倡,班级授课制首先在欧洲广泛推广开来,之后又扩散到其他各洲,在以后的几百年教育发展中显示了强大的生命力。夸美纽斯提出的"教育适应自然"原则对卢梭、裴斯泰洛齐①、杜威等教育家都产生了很大的影响,是"儿童中心论"思想的主要来源。另外,《大教学论》一书所提出的直观教学、系统教育、巩固教育等一系列教学原则,至今仍被教师用于教学实践之中。

但是,由于时代的限制,《大教学论》一书也有其局限性:一是坚持基督教的基本信条。由于受中世纪末的宗教影响很深,加上夸美纽斯本人又是一个虔诚的基督教徒,他也代表着新兴资产阶级的利益,他把神学原则和《圣经》的一些思想贯穿在了书中,他认为教育的终极目标是使人为来世的永生做准备,因此使全书具有神秘的宗教神学色彩。二是过分强调"适应自然原则"。他认为感觉是认识的起点和源泉,把教学方法、教学原则同自然现象机械地、简单地类比,把教学过程建立在了感觉论基础之上。

---

① 裴斯泰洛齐(1746—1827),18世纪末、19世纪初瑞士著名的民主主义教育家。他在教育史上的显著功绩,在于创立了一个新的教育理论体系,特别是初等教育的理论,并在实践中予以贯彻。他关于教育的最基本要素理论,奠定了初等学校各科教学法的基础。其代表作品为《林哈德和葛笃德》。

(四)《大教学论》的名段品读

名段之一：通过教育去形成一个人①

一　我们已经知道，知识、德行与虔信的种子是天生在我们身上的，但是实际的知识、德行与虔信却没有这样给我们。这是应该从祈祷，从教育，从行动去取得的。有人说，人是一个"可教的动物"，这是一个不坏的定义。实际上，只有受过恰当教育之后，人才能成为一个人。

二　因为，假如我们考虑一下知识，我们就可以知道，只有上帝才有一种特性，能借一份简单的直觉去知万物，没有原始，没有进程，没有终结。这在人与天使是不可能的，因为他们没有无穷与永生，就是说，没有神性。他们只需赋有充分的知力，能够领悟上帝的作品，并从中收聚丰富的知识就够了。至于天使，他们当然也通过知觉去学习，他们的知识也与我们的知识一样，是从经验得来的。

三　所以，谁也不可相信一个没有学会按照一个人的样子去行动，即没有在组成一个人的因素上受到训练的人，真正能成为一个人。这从一切造物的例证可以看明白，因为它们虽则注定了要为人所用，但是不经人手的安排是不合于人的使用的。比如，石头是给我们当作建造房屋、塔宇、墙壁和栋梁等材料用的；但是它们在没有被凿好，没有被我们放在它们所应放的位置以前，它们是没有用处的。注定给人做装饰品的珍珠与宝石，必须加以雕凿与琢磨。五金是在日常生活中最有用处的，它们得有人去采掘、提炼、熔化，并以各种方式去铸造，去锤打。在此以前，它们的用处还不如普通的泥土。

我们从植物身上取得食品、饮料与药物；但是我们先得把菜蔬与谷类种

---

① 该名段为［捷］夸美纽斯的《大教学论》，傅任敢译，教育科学出版社1999年版，第六章"假如要形成一个人，就必须由教育去形成"的内容。标题"通过教育去形成一个人"为编者所加。

好,锄好,收好,筛好,磨好;我们先得把树木栽好,修剪好,加好肥料,并把果实采下和晒干;假如其中有要用作药品或供建筑之用的,准备工作便要更多。动物的基本特性是生命与动作,它们看去好像是自给自足的了,但是假如你要按照合于它们的用途去用它们,那就还要加以训练。比如,马是天生合于作战用的,牛是合于拖物用的,驴是合于负重用的,犬是合于守护与狩猎用的,鹰是合于捕鸟用的;但是在我们训练它们,使它们习惯于它们的工作以前,它们都没有多少用处。

四　人的身体生来是要劳动的;但是我们知道,人生来只有学习劳动的能量。他要受到教导,才会坐,才会站,才会走,才会用他的手。然则我们哪能希望我们的心理一来便已完全发展,事先一点准备都不需要呢?因为一切造物在它们的质料方面,在它们的发展进程方面,全是从无到有的和逐渐自行发展的。我们在上一章已经说过,并且大家都已知道,天使的完善程度和上帝相差不远,但是他们也并不是无所不知的,他们对于上帝的稀有智慧的知识也是逐渐获得的。

五　大家也明白,甚至在亚当作恶以前,天国便已为人开了一个学校,使他逐渐得到进步。因为最初造出的人虽在造出以后便不缺乏直立走路的能力,不缺乏言语,不缺乏理性,但是从夏娃与蛇的谈话可以明白,从经验中得来的关于事物的知识却是完全缺乏的。因为夏娃如果经验多一点,她就会知道蛇是不能说话的,她便会知道其中必有诡计。

所以,在这种堕落的状况之下,我们更需要多从经验去学习,因为我们的悟性只是一个虚空的形式,如同一张白纸一样,并且我们也不善于做事、说话,或去知道任何事物;因为这种种能力都只潜伏地存在,需要加以发展。事实上,这在现在,较之在完美状况之下更加困难,因为现在不独事物晦涩,而且语言也很混乱(假如有人为了学问之故,要与各种活人和死人接触,他便不只要学一种语言,而且得学习好些种语言了);而且国语也变得更复杂了,我们生来是一点没有国语知识的。

六　有些例证告诉我们，凡是从小被野兽攫去，在野兽群中长大的人，他们的智力都没有超过野兽的水准，他们如果不是重新回到了人类的社会，他们用舌、用手、用脚的能力也不会超过野兽所能的。我可以举出几个例子。大约在1540年的时候，有一个名叫哈西阿（Hassia）的村落，坐落在一座森林当中，村里有个三岁的孩子，由于父母的疏忽丢失了。过了几年，乡里人看见一只奇怪的动物和豺狼在一道奔跑，它和豺狼的形状不同，有四只脚，可是有一副人类的面孔。这传说到处一散布，地方官叫农人们设法活捉它，带到他的跟前去。农人们照办了，最后，那动物送到了卡塞尔（Cassel）方伯那里。

到了堡邸以后，它躲在凳下，凶狠地望着追赶的人，骇人地咆哮着。方伯让他受教育，让他不断和人相处，受了这种影响，他的野蛮习惯才逐渐变文明：他开始用后脚，像一只两足动物一样走路，最后，他便能够说话，他的行为便像一个人了。于是他尽力说明，他是怎样被狼抓去，被狼养大，怎样习于和狼一道猎取食物的。这个故事见于德累斯（M.Dresser）的《古代与现代教育》（*Ancient and Modern Education*）一书，卡美拉利乌斯（Camerarius）在他的《时间》（*Hours*）一书中也说到这件事情和另一件同类的事。

古拉迪阿斯（Gulartius）也在《当代奇迹》（*Marvels of Our Age*）中说，1563年法国发生过这么一件事：有些贵族外出打猎，他们打死了12只豺狼，最后，他们用网捉住了一只东西，像个裸体的孩子，七岁左右，皮肤是黄的，毛发是卷曲的。他的指甲弯曲得像鹰爪一样，他不会说话，只会发出犷野的呼声。当他被带到堡邸的时候，他非常凶猛地挣扎，几乎脚镣都不能安上去；但是饿过几天之后，他变得柔顺一些了，过了几个月，他开始说话了。他的主人把他带到好些城市去展览，挣了不少的钱。最后，一个贫苦的妇人承认他是她的儿子。所以柏拉图说得真对，他说："人若受过真正的教育，他就是个最温良、最神圣的生物；但是他若没有受过教育，或者受了错误的教育，他就是一个世间最难驾驭的家伙。"

七　教育确乎人人需要,我们想想各种不同程度的能力,就可以明白这一点。愚蠢的人需要受教导,好使他们摆脱本性中的愚蠢,这是无人怀疑的。其实聪明人更需要受教育,因为一个活泼的心理如果不去从事有用的事情,它便会去从事无用的、稀奇的、有害的事情;正如田地愈肥沃,蒺藜便愈茂盛一样,对一个绝顶聪明的人如果不去撒下智慧与德行的种子,它便会充满幻异的观念;又如推磨的时候如果不撒下面粉的原料,麦子、磨石便会磨出声音、磨损,以致常常磨坏一样,一个活泼的心理如果没有正经的事情可做,它便会被无益的、稀奇的和有害的思想所困扰,会自己毁掉自己。

八　富人没有智慧岂不等于吃饱了糠麸的猪仔?贫人不懂事岂不等于负重的驴子?美貌无知的人岂不只是一只具有羽毛之美的鹦鹉,或是一把藏着钝刀的金鞘?

九　具有权力的人们,国王、亲王、官吏、牧师与教师,他们必须有智慧,正如向导要有眼睛,舌人要能说话,喇叭要出声音,或者刀要有刃是一样的。同样,地位较低的人要受教育,他们才能聪明地、谨慎地服从他们的长上,不是出于强迫,像驴子的服从一般,而要出于自愿,出于爱好秩序之心。因为一个理性的动物不应当受呼唤、禁锢与鞭笞的领导,而应受理性的领导。其他方法都是对于根据自己的形象去造人的上帝的一种侮辱,是使人事中充满强暴与不安的。

十　我们由此可以知道,凡是生而为人的人都有受教育的必要,因为他们既然是人,他们就不应当成为无理性的兽类,不应当变成死板的木头。并且由此可见,一个人愈是多受教导,他便愈能按照准确的比例胜过别人。我们可以用“智者”(Wise Man)的话结束这一章,他说:“凡是以为智慧与纪律没有用处的人就会得祸;他没有(达到他的愿望的)希望,他的劳力不会有结果,他的工作会白费。”

名段之二：按年龄和学力区分的四种学校①

一　工匠们习于按照行业的情形或难易,定下某种训练学徒的期限(二年、三年或七年)。在这期限以内,学徒可以得到一种完全的训练,凡是学完了的学徒,起初可以当职工,往后就可以当工头。在学校组织方面,也应当采取同样的制度,应当划出明确的时限,以为分别学习艺术、科学与语文之用。这样一来,我们就可以在一定的年限以内涉猎全部人类知识,当我们离开人类锻铸所的时候,我们就能具有真实的学问、真实的道德和真实的虔信了。

二　为了达到这个目标起见,全部青年期都当用来培植才智(我们的意思不是说学会一种艺术就够了,是说应该学会一切文艺和一切科学)。学习应从婴儿期开始,一直继续到成年;这二十四年的光阴应当分成界限分明的几个时期。在这方面,我们应当追随自然的领导。因为经验告诉我们,一个人的身体可以继续生长到二十五岁,过此以往,它便只长力量了;我们必须由此作出结论,这种缓慢的生长率乃是上帝的远见给予人类的(因为动物的较大的躯体几个月、至多几年就可以完全长成),使他得到较多的时间,对于人生的责任有所准备。

三　所以,全部期间应当分成四个明显的阶段,即婴儿期、儿童期、少年期和青年期,我们应给每期分派六年的光阴和一种特殊的学校。

(一)婴儿期	的学校应为	母亲的膝前。
(二)儿童期		国语学校。
(三)少年期		拉丁语学校或高等学校(Gymnasium)。
(四)青年期		大学与旅行。

---

①　该名段为[捷]夸美纽斯的《大教学论》,傅任敢译,教育科学出版社1999年版,第二十七章"论学校根据年龄与学力的四重区分"的内容。标题"按年龄和学力区分的四种学校"为编者所加。

每个家庭应当有个母育学校（Mother-School），每个村落应当有个国语学校，每个城市应当有个高等学校，每个王国或每省应当有个大学。

四　这些不同的学校不是要去研究不同的学科，而是要用不同的方法去学习同样的学科，教导一切可以产生真人、真基督徒和真学者的事；自始至终，要按学生的年龄及其已有的知识循序渐进地进行教导。因为，按照这种自然方法的法则，学科的各个部门不应当拆散，而应当同时教授，像一株树木的各个部分在每一生长期间同时生长一样。

五　这几种学校之间的区别有三方面：第一，在前期的学校中，一切都是用一种一般的、不确定的方式去教的，而在后期的学校中，所授的知识是细致的、确切的；正与一株树木一样，每过一年，生出的枝丫就越多，树长得就越壮实，果实就越丰盛。

六　第二，在母育学校里，外感官应该得到练习和教导去辨别周围的事物。在国语学校里，应当利用阅读、书写、图画、唱歌、计数、量长、测重以及记忆各种事物等等方法去训练内感官、想象力与记忆力及其相关的器官。在拉丁语学校里，学生应当受到训练，利用辩证法、文法、修辞学以及其他根据因果法则的科学与艺术，去领悟感官收集来的知识并加以判断。最后，大学里面的学科是与意志格外有关系的，这就是四分科，其中神学教我们恢复灵魂的和谐；哲学教我们恢复心灵的和谐；医学教我们恢复身体上主要功能的和谐；法学教我们恢复外界事务的和谐。

七　我们的能力按下列方式可以得到最好的发展。第一步，外物应当放到它们发生作用的感官跟前。然后内感官应当养成一种把外感官所生的影像表达出来的习惯，一方面凭回忆在体内表达，一方面要用手与舌在体外表达。在这个阶段，心灵就能开始发生作用了，它能用确切的思维比较和估价一切知识对象。这样，可熟悉自然，获得一种健全的判断。最后，意志（这是人身中的指导原则）在各方面显出了它的力量。在培植智性以前去培植意志（或在培植想象力以前去培植智性，或在培植感官的知觉力以前去培植想象力），是徒然浪费时间。但是那些在儿童还没有彻底熟悉身边的外物以前就去教逻辑学、诗、修辞学与伦理学的人们正是犯了这种毛病。倘若这也合理，那么，两岁的孩子虽然还不大会走，我们就教他们跳舞也是一样的合理了。我们的格言应当是：凡事都要追随自然的领导，要去观察能力发展的次第，要使我们的方法依据这种顺序的原则。

八　这几种学校之间的第三种区别是：母育学校与国语学校收容一切男女青年。拉丁语学校对于志向超出工场以上的学生给以更彻底的教育；而大学则训练未来的教师和学者，使我们的教会、学校与国家永不缺乏适当的领袖。

九　这四种学校可以比作一年的四季。母育学校使人想起温和的春季，充满形形色色的花香。国语学校代表夏季，那时我们的眼前尽是谷穗和早熟的果实。拉丁语学校相当于秋季，因为这时田野和园中的果实都已收获，藏进了我们的心灵仓库。最后，大学可以比做冬季，那时我们把收来的果实准备各种用途，使我们日后的生活能够得到充分的供养。

十　我们的教育方法也可以和一株树木的各个生长阶段相比。由父母细腻地照顾着的六岁的孩子像小心地种植的、生了根、将要发出蓓蕾的嫩苗。到了十二岁的时候他们就像有了枝丫与蓓蕾的幼树，虽则枝丫与蓓蕾将要怎样发展，还没有把握。到了十八岁，青年已在语文与艺术方面受到了良好的教导，就像长满了花朵的树木，又好看，又好闻，而且还有结出果实的希望。最后，到了二十四五岁的时候，青年人已在大学里面受到了彻底的教育，他们就像一株结了果实的树木，我们需要果实的时候就可以去摘取了。

现在我们必须对各个阶段仔细考察一番了。

三、夸美纽斯的教育思想①

捷克教育家夸美纽斯,是人类教育史上里程碑式的人物,被誉为"教育学之父"。主要著作有《母育学校》(1632年)、《大教学论》(1632年)、《世界图解》(1658年)等。

(一) 论教育的目的和作用

1. 关于教育的目的

夸美纽斯肯定了教育在社会发展和个人发展中的重大作用。他认为教育的终极目的是为永生做准备("现世的人生,也只是永生的一种预备,它存在的目的是使灵魂利用身体作中介,去为未来的生活预备各种有用的事项"。他承袭圣经的观点,对人生的看法带有浓厚的宗教色彩,认为人的现实生活并非最终的目的,人生的最终目的,是趋向一个更高阶段,即是永生);教育的直接目的是为现实的人生服务,培养具有"学问、德行和虔信"的人,使人能理解万物和利用万物(夸美纽斯对现世生活所持的观点,与天主教僧侣们所持的观点相反,他不以消极和禁欲来对待现世人生,也不把现世生活当成黑暗与罪恶的根源,而是以积极乐观的精神来理解现世生活。他认为现世生活的目的就是创造一个美满的生活。因此,人们的现实生活就应以其服务与享乐为其主要内容。所谓服务,就是为社会、国家和别人服务。所谓享乐,主要是指心灵的快乐。为了使生活美满,心灵得到快乐,为社会国家服务,人应该成为理性的动物和万物的主宰。也就是说,人应该具有万物的知识,并能利用万物为人类服务)。

---

① 参考网址:http://xdms.dywz.cn/show.aspx? cid=18&id=307,http://baike.sogou.com/v141799.htm.

2. 关于教育的作用

夸美纽斯对教育作用作了高度的估价。首先他认为教育对人的发展具有重大作用(夸美纽斯接受了文艺复兴时代人文主义思想的影响,把人看作是最优美、最完善的创造物,因而教育能对人施展重大的作用。他指出人之所以成为人,只是由于在最适当的年龄,即在儿童时期受到了所应当获得的那种教育。他确信,"每一个人都是可以成为一个人的"。他认为,人都有接受知识的智力,智力低到不能接受教育地步的,"在一千个人里面难找到一个,即使对于这种智力极低的人,教育还是可以发挥一定作用的")。

其次,他认为教育对社会发展具有促进作用(夸美纽斯说:"教育是人类得救"的主要手段,"有教养的民族能利用的宝藏","它能使社会减少黑暗、困恼和倾轧"等)。

再次,他重视儿童的差异和后天教育(夸美纽斯在高度评价教育作用的同时,对于儿童天然素质或品质的差异也很重视。对于这些不同素质和性格的儿童,教师应该"用合适的训练,使他们变为有德行",他认为这是我们力所能及的。夸美纽斯还认为"一切人类生来都是渴于求知的",但实际上却有人缺乏爱好学习的倾向,这是由于"父母的溺爱,社会环境的引诱以及教师没有尽到责任所致"。他郑重提出:"一个做教师的人在传授学生知识以前,必须使学生渴于求得知识,能够接受教导,因而准备接受多方面的教育")。

(二) 论教育适应自然的原则

"教育适应自然"的原则是夸美纽斯整个教育思想体系的根本性指导原则。夸美纽斯在尖锐地批评了中世纪旧学校的种种弊端:"学校变成了儿童的恐怖场所,变成了他们才智的屠宰场"后,提出了教育要适应自然的原则。《大教学论》第十四章的章名就是,"教导的严谨秩序应当以自然为借鉴,并且必须是不受任何阻碍的"。其基本含义是:自然界存在着一种起支配作用的普遍法则,即"秩序"或"规律"。这些秩序或规律,无论在动、植物以及人的活动中都发挥着作用。人是自然界的一部分,必须服从于自然的最主要和最普遍的法则。以培养人为主要任务的教育工作,也必须遵循自然法则,才会合理可靠,并发挥出应有的效力。他举例说,树木在春天发芽长叶,鸟儿在春天孵化小鸟,所以人类应在人的童年期开始施教,而一天则应在早晨学习为好。夸美纽斯认为,"教育适应自然"包括两方面的含义:一是教育要适应大自然的发展法则;二是教育要适应儿童个体的自然发展,即适应儿童的天性、年龄特征。他说:"我们的格言应当是:凡事都要跟随自然的教导,要按观察能力的发展第次,要使我们的方法依据这种顺序的原则。"于是,他提出了划分儿童年龄阶段的主张,把 0~24 岁划成四个阶段,即婴儿期、儿童期、少年期和青年期,每期 6 年。

(三) 论普及教育和统一学制

夸美纽斯提出了"泛智①教育"思想,认为学校教育的基本功能应当是给人以广泛的知识教育,教育应当"把一切事物教给一切人"。并以此为基础提出了普及教育的主张,论述了关于统一学制的设想。

夸美纽斯论述了普及教育的必要性,认为人应该成为理性的动物(他认为一切人,"生来都有一个同一的目标:他们要成为人,要成为理性的动物……他们都应该达到一个境地,在合适地吸取了学问、德行和虔信之后,

①　所谓泛智,就是使所有的人通过接受教育而获得广泛全面的知识,并使人们的智慧得到全面的、充分的发展。用夸美纽斯的话来说,就是"把一切事物教给一切人类"。夸美纽斯的泛智思想,包含着两个方面内容:一是教育内容泛智化,夸美纽斯对几乎以《圣经》为唯一教育内容的旧教育极为不满,指出在那些学校学习的学生都没有受到周全的教育。他认为人们所受的教育应当是周全的,要"学会一切现世与来生所必需的事项",即百科全书式的知识,从而"懂得科学,纯于德行,习于虔敬"。二是教育对象普及化,夸美纽斯指责当时的学校只是为富人、贵人设立的,穷人、贱人被排斥在校门之外。他要求学校向全体人们敞开大门,不论富贵贫贱,一切男女青年都应进学校。这反映了文艺复兴以来新兴资产阶级反对宗教蒙昧主义、提倡发展科学的时代精神,也反映了当时广泛发展教育的民主要求。

能够有益地利用现世的人生,并且适当地预备未来的人生");论述了普及教育的可能性,认为一切人都能接受共同的教育(要求让一切儿童,不分贫富、贵贱、男女,不管住在城市或乡村,都能在国语学校里,接受共同的初等教育。他驳斥了有人认为天性鲁钝笨拙的人不能接受教育的意见,说:"世上找不出一个人的智力衰弱到不能用教化去改进的田地。"他也斥责了有人主张女性完全不能追求知识的谬论,指出:"她们具有同等敏锐的心理和求知能力[常常比男性还要强]",夸美纽斯还设想使有才能的儿童在兄弟会的帮助下受到更高深的教育);论述了普及教育的主要场所,应该设在公立的初等学校里,这是因为处理共同的事务,需要适当的制度(父母没有充分的能力和时间教导他们的儿童;儿童在大的班级里,可以起互相激励的作用;因此适应社会分工和人们职务专门化,必须有学校这样的专门教育机关和教师这样专门的教育人员进行工作)。

为了使国家便于管理全国的学校,为了使所有的儿童都有上学的机会,夸美纽斯主张建立全国统一的学制。他把人的学习分为四个时期,并主张按这种年龄分期设立相应的学校(学校体系:婴儿期[1 岁至 6 岁],婴儿期的特征是身体的迅速成长和感觉器官的发展。夸美纽斯将为这个时期的婴儿设立的教育机构命名为母育学校。儿童期[6 岁至 12 岁],儿童期的特征是记忆力和想象力的发展,以及与此联系的器官的发展。夸美纽斯为这个时期的儿童设计了国语学校。少年期[12 岁至 18 岁],少年期的特征是在儿童期所已具有的特征之外,思维能力[理解与判断]有了更高的发展。为这个时期的学生夸美纽斯设计了拉丁语学校。青年期[18 岁至 24 岁],青年期的特征是意志的发展和保持和谐的能力。夸美纽斯为这个时期的学生设计了大学)。

(四)论班级授课制和学年制

夸美纽斯对近代教育学最大的贡献之一,就是他所确立的班级教学制度及其理论。因为直到 17 世纪,西欧各国仍普遍沿用个别施教的制度。

夸美纽斯为适应当时社会生产日益发展,社会经济生活需求日益扩大,以及文化科学迅速进步的形势,亟须提高教学效率的要求,参照欧洲一些国家和教会(主要是耶稣会)已有的实行班级教学的实际经验,从理论上加以阐明,确立了班级教学制度。

夸美纽斯从理论上阐述了班级教学制度的优越性。首先,有利于减轻教师的工作负担和学生学习。他指出采用这种办法的结果是:从教师来说,"工作可以减轻""一个教师可以教导一百个学生,所费的劳力是和教几个学生一样小的"。从学生来说,"没有一个学生会被忽视""学生们会比以前更加注意""对于一个学生所说的话便会对于全体学生同等地有利"学生中"不同的表达方式可以增进和加强学生对于教材的熟悉程度"等等。一个教师同时教很多的学生,"为教师,为学生,这都是个最有利的方法,教师看到跟前的学生数目愈多,他对于工作的兴趣便愈大,教师愈是热忱,他的学生便愈会显得热心"。"同样,在学生方面,……他们可以互相激励,互相帮助。"当然,夸美纽斯过分夸大了班级教学的效率,主张"一个教师同时教很多的学生",甚至提出"同时教几百个学生",这显然是不符合实际的。事实上,一个教师同时教几百个学生,无疑是有困难的。于是他不得不建议把全班学生分成若干小组,每组十人,每组由一个学生去管理,协助教师监督和检查小组成员的功课。由于夸美纽斯当时对这种崭新的教学制度还缺乏经验的积累,他不知道班级人数过多,势必不能很好地完成教学任务;他也不知道教师用小组长协助教师进行教学,将不能很好地体现教师在教学中的主导作用。

在论述班级授课制优越性的基础上,夸美纽斯提出了班级教学制度的要求:(1)应有一定的目标。学生每年、每月、每日所应达到的目标,都要作详细的规定,使教学按照计划进行。(2)每个班级应有固定的课本。(3)一切科目都用同一的方法——"自然的方法"去教导。(4)全班的学生在同时做同样的功课。(5)每种科目应该与相关的事项一道教授。(6)教学时应经常保持学生的注意。

根据学年制,每年招生一次,学生同时入学,以便使全班学生的学习进度一致,学年结束时,经过考试,同年级学生同时升级;各年级应在同一时间开学和放假;他还强调学校工作要有计划,使每月、每周、每日、每时都按计划进行各项工作。

(五)论教学应遵循的原则

夸美纽斯详尽地论述了教学中应遵循的几个重要的教学原则,其中包括直观性原则、循序渐进原则、巩固性原则、自觉性与主动性原则、量力性原则和因材施教原则。

1. 直观性原则

夸美纽斯在感觉论的基础上论证了直观教学的必要性,并为教师们定下了一条教学上的"金科玉律",即"一切看得见的东西都应该放到视觉的跟前,一切听得见的东西都应该放到听觉的跟前。气味应该放到嗅官的跟前,尝得出和触得着的东西应当分别放到味官和触官的跟前。假如一件东西能够同时在几种感官上面留下印象,它便应当和几种感官接触"。假如事物的本身不能得到,便可利用它们的代表物"范本或模型"。(第二十章 科学教学法)他认为直观性的教学可以保证教学来得容易,迅速而彻底,因此要求"在可能的范围以内,一切事物都应尽量放到感官跟前"。

2. 循序渐进原则

夸美纽斯提出了一些关于教学循序渐进的规则,如由易到难、由近及远、后教的以先教的为基础等规则。他指出,"让新的语文的学习逐渐进行(因为这是最容易的),然后再学写作(因为这里还有思索的时间),最后才学说话(这一点最困难,因为说话的步骤是很迅速的)"。他指出,"教材的排列能使学生先知道最靠近他们的心眼的事物,然后去知道不大靠近的,再后去知道相隔较远的,最后才去知道隔得很远的"。(第十七章 教与学的便易性原则)他又指出,"一切功课的排列都要使后学的功课能够依靠先学的功课,要使一切先学的功课能够靠后学的功课固定在心里。"(第十八章 教与学的彻底性原则)

3. 巩固性原则

夸美纽斯提出了巩固性教学原则,就是要求学生牢固地掌握所学习的教材。他也为实行这个原则拟定了一些规则。首先要把学习的基础打好。他指出:"一切先学的功课都应该成为一切后学功课的基础,这种基础是绝对必须彻底地打定的。""科目的概念应当彻底印入学生的脑际。在这种步骤没有小心地做到以前,关于艺术或语文的更详细的解释就不应当尝试"。(第十八章 教与学的彻底性原则)其次,要记住已领悟的教材。他说,每种科目被彻底领悟之后,就应该被记住。并且他提出帮助记忆的方法,指出"所教的一切事项都应得到良好理由的支持,以免轻易产生疑问,或者容易忘记。这种理由确是把一件东西巩固在记忆里面,使它不致忘却的钉子、钩子和夹子。"(第十八章 教与学的彻底性原则)还有,他认为练习是巩固性教学所必不可缺的因素。他指出,"所教的科目,若不常有适当的反复与练习,教育便不能够达到彻底的境地。"他因而提出教师应使学生经常做到以下三个方面:"①为自己寻找并且获得心智的粮食;②吸收,并且消化他所找到的;③分配他所消化了的给别人去分享。"这三个方面也就是在一对著名的拉丁偶句里面所提示的:"去发现问题,去记住答案,去把自己所记住的教给别人,这三种东西就可以使得学生胜过他的先生。"这里第三个方面据他的说明也就是让学生一个一个地按照教师所讲的,"按照原来的次序,把刚才所说的重述一遍(好像是其余的人的老师一样),他的解释要用同样的字眼,要举同样的例证,如果他错了就要给他改正""一直到看得出人人都已明白了那堂功课,都能解释为止。"(第十八章 教与学的彻底性原则)

夸美纽斯要求学生在理解的基础上掌握知识,并将所学的知识加以练习和运用。

4. 自觉性与主动性原则

夸美纽斯主张"应该用一切可能的方式把孩子们的求知与求学的欲望激发起来",提高学生学习的主动性与自觉性。

夸美纽斯认为学习的首要条件是自觉地学习,是对于学习的热情和喜爱,是学习的不可抑制的欲望。因此他主张在教学过程中应首先把学生的学习热情和欲望激发起来。他认为,"孩子们求学的欲望,是由父母、由教师、由学校、由所教的科目、由教授的方法、由国家的权威激发出来的"。(第十七章 教与学的便易性原则)

怎样才能激起学习主动学习的热情和欲望呢?夸美纽斯对此也提出了一些积极性的建议。首先,他认为,所学习的事物对于儿童将来应是有用的,他提出"对于每门科目,都要提到它的实用问题,务使不学无用的东西"。(第十八章 教与学的彻底性原则),其次是对于所教授的事物的彻底解释,他指望教师们,"对学生应学的科目应该彻底加以解释,使他们懂得,如同懂得他们的五个指头一样"。(第十七章 教与学的便易性原则)再则是应该从事物的原因去教导,他指出,"知识不是别的,只是我们精通了一件事物的原因,与对它的熟悉而已"。(第十八章 教与学的彻底性原则)

5. 量力性和因材施教原则

夸美纽斯提出了教学应根据学生的年龄特征、知识水平及个别差异有针对性地进行。

夸美纽斯正确地提出教学应根据学生的年龄及其能力来进行。教学的科目及其内容的排列应根据学生的年龄及其理解。他指出:"一切应学的科目都应加以排列,使其适合学生的年龄,凡是超过了他们的理解的东西,就不要给他们去学习。"(第十六章 教与学的一般要求;即一定能产生结果的教与学的方法)其次,在教学中应该考虑到学生的接受能力而不使他们负担过重。他建议：(1)"班级授课尽量加以缩减，即是减到四小时，……自修的时间也相等。"(2)尽量少要学生去记忆，这就是说，只记最重要的事项，对于其余的，他们只须领会大意就够了。(3)"一切事情的安排全都适合学生的能力。这种能力自然会和学习与年龄同时增长的。"(第十七章 教与学的便易性原则)

夸美纽斯在要求教学应根据学生的年龄和能力的同时，还要求教学要适应各个学生的心理、学习的品质和能力。他指出："知识若是不合于这个或那个学生的心理，它就是不合适的。因为人们的心理的分别和各种植物、树木或动物的分别是一样巨大的；这个须得这样去对付，那个又必得那样去对付，同一个方法是不能够同样地施用于所有人们的。"

(六)论道德教育和教育管理

1. 道德教育

夸美纽斯非常重视道德教育，在他看来，德育比智育更重要。夸美纽斯把世俗道德的培养从宗教教育中分离出来，成为一个独立的部分。他把智慧、勇敢、节制、公正称为基本的德行，作为自己的道德教育内容，并在德育内容中纳入了一个在当时是崭新的概念——劳动教育。他提出的德育方法主要有：尽早开始正面教育；从行动中养成道德行为的习惯；树立榜样；教诲与学习规则；避免不良社交和惩罚。

2. 教育管理

夸美纽斯认为国家具有管理教育的最高权力，不应该将教育事业拱手让给教会和其他社会力量。

主张国家设置督学，对全国的教育进行监督，以保证全国的教育得到统一的发展；主张建立统一的学校制度和学年制度，并从理论上阐述了班级授课制的作用和意义；对学校各类人员提出了不同的管理性规定；非常重视纪律和规章制度在学校管理中的作用。

夸美纽斯说过："如果要使一个嫩芽变成一棵树就需要培植,浇水,篱围保护并且以支柱把它撑起……""对于父母,儿童应当比金、银、珠宝和宝石还珍贵。"

"上帝既已将这种责任交给父母,他们就应明智地承担起来并应倍加勤勉地把一切属于知识和敬畏上帝的事灌输到儿童柔弱的心灵之中……"

他称儿童为"上帝的种子",是"无价之宝",一方面,儿童产生于父母的实体本身,是父母实体的一部分,生来是没有被玷污的纯洁的"种子",具有谦虚、善良、和睦、可亲等美德。另一方面,儿童必然会发育长大,成为未来的学者、哲学家和科学家以及国家的领导者,所以儿童也就是国家的未来。由此,夸美纽斯要求父母应该加倍地热爱儿童,要求国家更多地关心儿童的成长。

【讨论与研究】

1. 什么是班级授课制?其主要优缺点有什么?
2. 简述夸美纽斯对教育学发展的贡献。

测试与答案

卢梭与《爱弥儿》

一、卢梭生平[①]

让·雅克·卢梭(法语：Jean-Jacques Rousseau，1712—1778)，18 世纪法国伟大的启蒙思想家、哲学家和教育家。他的教育思想的核心是"归于自然"[②]。他说："上帝创造万物，都使为善；而人滥于施为，便成为丑恶的了。"所以要造就理想的人，就要推行自然主义的教育。这些都集中体现在他的代表作《爱弥儿》中。

卢梭 1712 年 6 月 12 日出生于瑞士日内瓦的一个新教家庭，母亲是牧师的女儿，生他时因难产而去世；父亲是钟表匠，能干的手工业者，而且嗜好读书。卢梭深受父

---

① 参考刘新科、栗洪武主编的《中外教育名著选读》，中国人民大学出版社 2008 年版，第 365—367 页。

② "归于自然"，即教育必须遵循自然，顺应人的自然本性。

亲的影响,三岁开始识字,七岁开始读一些文学和历史书籍。

1722年,卢梭十岁时,父亲与军官发生冲突,被迫远走他乡,卢梭被舅父送到波塞,跟随牧师学习两年,这是他最初的也是唯一的在导师指导下的正规学习。波塞的大好风景和欢愉的岁月,养成了他爱好自然的天性。

1724年,卢梭开始学习律师书记等业务,他厌恶这种只为赚钱而缺乏趣味的职业,因此转学雕刻,由于师傅的暴虐专横,他对本来喜欢的工作感到苦不堪言,只得开始了流浪生涯。后来经一位牧师的介绍结识了华伦夫人,经她劝导信奉了天主教,但他看到了天主教的虚妄,就备感厌恶。为生活所迫,他漂泊各地,对贫苦人民有了深入的了解,表示了深切的同情。

1729年,十七岁的卢梭回到华伦夫人的身边,开始学习和研究音乐,并打算专门研究音乐,以此为生。他想出用数字代替音符的简易记谱法,写出了具有独创性见解的著作《音乐记谱法》,同时撰写了《现代音乐论》,并编写了歌剧《新世纪的发现》,展现了他的创作才华。在这个时期,他阅读了大量欧洲各国思想家,如培根、洛克①、笛卡尔、帕斯卡、莱布尼茨等人的著作,这些著作深深滋养哺育着这时大约二十五岁的卢梭,他丰富的知识是通过阅读大量的学术著作和自己的努力积累而成的。

1740年,二十八岁的卢梭开始在里昂修道院院长M.马布里的家中担任两个孩子的家庭教师,为期一年。这段经历使他积累了一定的教育经验,触发了他对教育课题的浓厚兴趣。

1742年,卢梭来到巴黎,将自己的音乐手稿整理,希望凭借乐谱出名,并找到出版商,以《现代音乐论》为书名出版,但并未产生大的反响。这时候,他结识了年轻的唯物主义者狄德罗,两人一见如故,随后又结识了启蒙运动的先锋伏尔泰、无神论者霍尔巴赫、德国文学评论家格林姆,卢梭于是投身启蒙运动中,成为其中的一员,着手参与《百科全书》的编辑。

---

① 洛克(1632—1704),英国哲学家、教育家,其代表作《教育漫话》(*Some Thoughts Concerning Education*)集中阐述了他的绅士教育理论。

1743年,卢梭担任法国驻威尼斯大使的秘书,开始关心政治问题。

1749年,卢梭前往凡塞纳古堡的监狱,看望被囚禁的狄德罗①,在路上翻阅杂志《法兰西信使》时,看到第戎学院登载的有奖征文《论科学和艺术的复兴是否有助于敦化风俗》,卢梭感到科学和艺术二者是相悖的,在狄德罗的鼓励下,他完成了论文,论证了科学和艺术的进步并未提高人类的品德,反而使社会道德败坏。该论文由于立意的新颖、思想的深邃、文笔的流畅而获得头奖,卢梭一举成名。

1753年,第戎学院再次征文,卢梭以《论人类不平等的起源和基础》一文应征,但落选。他在文中指出,人类在原始社会是平等和自由的,但私有制导致了人类社会的不平等,最后形成暴君独裁统治,私有制是封建社会一切罪恶现象的根源。

1754年,卢梭回到日内瓦,重皈新教。

1756年,厌恶了城市生活的卢梭,移居巴黎附近的乡村,专心著述,三部充满战斗气息的著作先后问世:1761年的书信体小说《新爱洛伊斯》,通过一对青年男女的爱情悲剧,谴责封建等级种下的恶果,展现了对自由和纯朴生活的热烈渴望;1762年的政治论著《社会契约论》,宣扬"人民主权"的思想;1762年的教育论著《爱弥儿》,提出了新的教育思想,探讨人性发展,培养理想的社会新人,揭露了教会学校泯灭人性、腐朽愚昧的教育状况。《爱弥儿》引发了社会的轰动,巴黎大主教亲自出面焚书,卢梭遭到通缉,于1762年至1769年间颠沛流离于各国,四处遭逐,最后秘密回国,隐居乡村。

1770年,卢梭得到赦免重返巴黎。同年完成了伟大的自传

---

① 狄德罗(1713—1784),法国启蒙思想家、唯物主义哲学家、百科全书派的代表人物。1746年出版的《哲学思想录》被法院查禁,后来又因反对宗教的言论被投入监狱。出狱后不遗余力地从事百科全书的编辑出版。他的热忱和顽强使他成为百科全书派的领袖。除为百科全书写的大量词条外,还著有《对自然的解释》《达朗贝和狄德罗的谈话》《关于物质和运动的原理》等。

体著作《忏悔录》。

1773 年,应波兰威尔豪斯基伯爵的邀请,卢梭写下了《对波兰政府及其1772 年 4 月改革计划的考虑》一文,为波兰政府拟订复兴计划,其中把教育视为政治建设之本。

卢梭晚年贫困交迫,但仍充满战斗气息,没有向封建政权妥协,赢得了众多进步人士的崇敬。1778 年 7 月 2 日,六十六岁的卢梭在巴黎近郊与世长辞。他是革命的先导,却没有亲眼看到 1789 年爆发的法国大革命。1794年 4 月 15 日,巴黎举行了一个隆重的仪式,将这位已逝世十六年的伟大思想家的灵柩迁往巴黎先贤祠。

二、《爱弥儿》简赏

(一)《爱弥儿》的结构与内容[①]

《爱弥儿——论教育》(*Emile*, *On Education*, 1762)是一部半小说体的教育专著,这部著作是卢梭"构思二十年、撰写三年"而成的,其副标题是论教育。书中虚构了出身名门的孤儿"爱弥儿"和他未来的妻子"苏菲"的教育。全书共分五卷。

第一卷　婴儿期(出生至 2 岁)

第一卷主要论述了自然教育的主旨以及对 0 岁至 2 岁的婴儿如何进行体育教育。在这一部分中,卢梭主张通过自然教育来实现"回归自然"的目的。他强调指出:"出自造物主之手的东西,都是好的,而一到了人的手里,就全变坏了。"这是他主张自然教育的基础。教育必须跟着自然画出的道路

---

① 参考毕诚主编的《中外教育名著评价(第二卷)》,山东教育出版社 1992 年版,第 951 页、单中惠、杨汉麟主编的《西方教育学名著提要》,江西人民出版社 2000 年版,第 130 页和单中惠、朱镜人主编的《外国教育经典解读》,上海教育出版社 2004 年版,第 111—113 页。

前进。卢梭认为,婴儿期的教育在孩子出生的时候就开始了。这个时期的教育主要是身体养育,并通过活动锻炼身体和训练感觉器官,培养婴儿的感觉能力。因此,除了保证营养外,要给婴儿充分活动的可能。卢梭反对用打襁褓的办法束缚新生婴儿的手足,认为那样不仅影响婴儿身体的发展,造成"驼背的,瘸腿的,膝盖内弯的,患佝偻病的,患脊骨炎的,以及各种各样畸形的人",而且还会影响孩子的脾气和性格。卢梭提醒人们,在这一时期,还要注意婴儿好哭的问题,防止婴儿任性性格的产生。

第二卷 儿童期(2~12岁)

第二卷着重论述了对 2 岁至 12 岁的儿童如何进行感官教育。在这一部分中,卢梭认为,这一时期的儿童学会了用语言来表达自己。但理性思维能力还没有形成,处于理性睡眠期。因此,这一时期教育的主要任务在于继续发展儿童的体力和儿童的感觉能力;同时,发展儿童的记忆力。因为"记忆力使自我的感觉延续到他一生的每一个时刻";有了记忆力,儿童才"真正地成为一个人,成为他自己"。在发展体力上,卢梭主张让儿童自由地活动,不要干涉。"大自然是有增强孩子的身体和使之成长的办法的,我们绝不能违反他的办法。当一个孩子想走的时候,我们就不应该硬要他呆着不动,但是,如果他想呆在那里,我们就不应当逼着他去走。"在智育上,卢梭认为,儿童在 12 岁以前不要读书。但即使不读书,他的记忆力也会得到发展,他周围的事物就是一本书,他在把自己所看到和所听到的一切记下来的时候,他的记忆力得到了发展。不过,卢梭并不是阻止儿童读书,他只是反对强迫儿童读书。他引用昆体良的话提醒家长和教师:"应当特别注意的是,不可使还不喜欢读书学习的学生对读书发生厌恶的心情,不可使他尝到读书的苦味,以免他过了青年时期还觉得读书是一件可怕的事情。"在德育上,卢梭认为,如果先去发展理性,那简直是本末倒置。因此,"不在于教学生道德和真理,而在于防止他的心沾染罪恶,防止他的思想产生谬见""你开头什么也不教,结果反而会创造一个教育奇迹"。卢梭还主张采用自然后果方法,即让儿童自己在生活中去学会遵守自然法则。例如，儿童打坏家具，别忙着给他另外的家具，而是让他感受到没有家具的不方便，通过这种自然的惩罚，儿童便不会再去破坏家具了。

第三卷　少年期（12～15岁）

第三卷主要论述了如何对12岁至15岁的少年进行智育教育及劳动教育。在这一部分中，卢梭认为，在这一时期，孩子体力增长得比他需要的快得多，除了满足欲望的需要之外还有富余，因此，也就到了工作、教育和学习的时期。在学习内容方面，孩子首先应当学习有用的知识。因为"人的智慧是有限的；一个人不仅不能知道所有一切的事物，甚至连别人已知的那一点点事物也不可能完全知道"。所谓"有用的知识"，就是那些真正有益于幸福的知识。其次，孩子对于所学的知识一定要理解，因为只有理解的知识才能成为自己的知识。"爱弥儿的知识不多，但他所有的知识都真正属于他自己的，而且其中没有一样是一知半解的。"此外，在学习方法方面，教给孩子学习方法是十分重要的，教学的"问题不在于告诉他一个真理，而在于教他怎样去发现真理"。

除了学习之外，孩子还必须劳动。因为"劳动是社会人不可豁免的责任。任何一个公民，无论他是贫或是富，是强或是弱，只要他不干活，就是一个流氓"。所以，必须使孩子学会劳动，成为一个自食其力的劳动者。劳动的内容主要是木工劳动。

第四卷　青年期（15～20岁）

第四卷主要论述了如何对15岁至20岁的青年进行道德教育。在这一部分中，卢梭认为，在这一时期，青年的生理和心理发生了变化。"一种暗暗无声骚动预告危险期即将到来"，到了进行情感和道德教育的时期了。在此之前，爱弥儿一直远离城市而在自然怀抱里接受自然的教育；但在这一时期，爱弥儿需要回到城市了。卢梭明确地说："我想把他培养成一个自然的人，但不能因此就一定要使他成为一个野蛮人，一定要把他赶到森林中去。"

在道德教育的内容方面,首先应当培养青年自爱的情感。因为"自爱始终是很好的,实在是符合自然秩序的""小孩子的第一个情感是爱他自己"。从第一个情感出发就会产生第二个情感,就是爱那些同他亲近的人,直至爱人类。其次,让青年明白爱是相互的。"为了要受到别人的爱,就必须使自己成为可爱的人。"再次,培养青年"怜悯"的情感。它可以使"孩子变成一个有感情和有恻隐心的人"。在道德教育的方法方面,卢梭十分注重道德教育实践,主张让青年通过自己的活动去养成美德。"社会道德的实践给人们心中带来了人类的爱。正是因为做了好事,人才变成了好人。"

第五卷　婚姻(成年以后)

在第五卷,卢梭以爱弥儿和苏菲两人从相识、相爱再到步入婚姻的过程为例,详细描述了这一时期男女青年的爱情和婚姻教育。另外,卢梭还专门提及了针对女子的教育。他一方面提出女子应当受教育,一方面又指出女子所受的教育也不要太多。卢梭认为女子应当是男子的附属品,女子教育的目的就是"把她培养成好女人"。他理想的女子形象是受过适当的教育的贤妻良母型的女子。

前四卷以爱弥儿为主人公,夹叙夹议地介绍了他从出生到成年4个时期的教育过程,并根据各个年龄阶段的身心发展安排了相应的教育重点,以及与之相适应的教育原则、内容和方法。第五卷以苏菲为主人公,论述了女子教育与爱情教育。卢梭认为只有纯洁的爱情才能使爱情更加美满,并借此摒弃一切不良生活。女人的天职应该是成为贤妻良母,女子的教育主要是锻炼身体,培养温顺的性格,学习治理家事,养成优美的风貌,而探求科学和真理的智育并不是那么重要。现在看来,这种女子教育观显然是存在偏见的。

(二)《爱弥儿》的中国版本

《爱弥儿》一书,卢梭写于1757年,1762年第一次在荷兰阿姆斯特丹出版。《爱弥儿》一书对我国的教育界产生了一定的影响。中译本《爱弥儿》于

1923 年由魏肇基①根据英文节译本译出,由商务印书馆出版。1978 年,李平沤(ōu)②又根据法文原版全文译出,分上、下两卷,由商务印书馆出版。1985年,人民教育出版社将李平沤译出的上、下两卷作为"外国教育名著丛书"之一再次出版。

为了使两卷篇幅大致平衡,李平沤翻译出版的上、下两卷,将第四卷中的"信仰自白——一个萨瓦省的牧师述"部分和第五卷编为下卷。书后附有"卢梭生平和著作年表"和"译名对照表"。

卢梭的代表作《爱弥儿》集中阐述了他的"自然教育理论"。"自然教育理论"的核心是教育要顺应自然。自然教育的培养目标是"自然人"。他的代表作《爱弥儿》和柏拉图③的《理想国》、杜威的《民主主义与教育》,被并称为教育史上的三大里程碑。

(三)《爱弥儿》讲了一个怎样的故事

《爱弥儿》是法国启蒙思想家卢梭的重要著作。它是第一本小说体教育名著,轰动了整个法国和西欧一些资产阶级国家,影响巨大。在此书中,卢梭通过对他所假设的教育对象爱弥儿的教育,来反对封建教育制度,阐述他的资产阶级教育思想。他认为,人生来是自由、平等的;在自然状态下,人人都享受着这一天赋的权利,只是在人类进入文明状态之后,才出现人与人之

---

① 关于魏肇基,如今几乎是无人知晓了,即使在民国时代也不是很有名气的翻译家。他的翻译作品有《心理学概论》(1932 年,上海世界书局)、《儿童之世界》(1936 年,上海晨光书局)、《圣诞节祝歌》(1934 年,开明书店)、《劳作教育之原理》(1934 年 12 月,东方杂志)和《爱弥儿》(1923 年 6 月,商务印书馆)等。

② 李平沤(1924—2016),四川仁寿县人。1989 年和 1995 年分别参加了法国蒙莫朗西第一次和第二次"国际卢梭学术研讨会"。主要译作和著作有《爱弥儿》《新爱洛伊斯》《卢梭散文选》《评梁启超的〈卢梭学案〉》《主权在民 Vs"朕即国家"——解读卢梭〈社会契约论〉》等。

③ 柏拉图(公元前 427—公元前 347),古希腊伟大的哲学家,也是全部西方哲学乃至整个西方文化最伟大的哲学家和思想家之一。他和老师苏格拉底、学生亚里士多德并称为希腊三贤。其代表作为《理想国》。《理想国》是柏拉图的重要对话录,对话录里他以苏格拉底之口通过与他人对话的方式设计了一个真善美相统一的政体,即可以达到公正的理想国。

间的不平等、特权和奴役现象,从而使人失掉了自己的本性。为了改变这种不合理状况,他主张对儿童进行适应自然发展过程的"自然教育",以培养资产阶级理性王国的"新人"。该书在内容上没有一般小说的情节,而是通过某些事例阐述卢梭的教育思想。爱弥儿是理想中的理性王国新人代表,不是具体的人物。

(四)《爱弥儿》的名段品读

名段之一:三种教育必须圆满配合①

出自造物主之手的东西,都是好的,而一到了人的手里,就全变坏了。他要强使一种土地滋生另一种土地上的东西,强使一种树木结出另一种树木的果实;他将气候、风雨、季节搞得混乱不清;他残害他的狗、他的马和他的奴仆;他扰乱一切,毁伤一切东西的本来面目;他喜爱丑陋和奇形怪状的东西;他不愿意事物天然的那个样子,甚至对人也是如此,必须把人像练马场的马那样加以训练;必须把人像花园中的树木那样,照他喜爱的样子弄得歪歪扭扭。

不这样做,事情可能更糟糕一些;我们人类不愿意受不完善的教养。在今后的情况下,一个生来就没有别人教养的人,他也许简直就不成样子。偏见、权威、需要、先例以及压在我们身上的一切社会制度都将扼杀他的天性,而不会给它添加什么东西。他的天性将像一株偶然生长在大路上的树苗,让行人碰来撞去,东弯西扭,不久就弄死了。

我恳求你,慈爱而有先见之明的母亲,因为你善于避开这条大路,而保护这株正在成长的幼苗,使它不受人类的各种舆论的冲击!你要培育这棵幼树,给它浇浇水,使它不至于死亡;它的果实将有一天会使你感到喜悦。趁早给你的孩子的灵魂周围筑起一道围墙,别人可以画出这道围墙的范围,

---

① 该名段节选自[法]卢梭著,李平沤译的《爱弥儿——论教育》(上卷),人民教育出版社1985年版,第1—5、12页。标题"三种教育必须圆满配合"为编者所加。

但是你应当给它安上栅栏。

我们栽培草木,使它长成一定的样子,我们教育人,使他具有一定的才能。如果一个人生来就又高大又强壮,他的身材和气力,在他没有学会如何使用它们以前,对他是没有用处的;它们可能对他还有所不利,因为它们将使别人想不到要帮助这个人;于是,他孤孤单单的,还没有明白他需要些什么以前,就悲惨地死了。我们怜悯婴儿的处境,然而我们还不了解,如果人不是从做婴儿开始的话,人类也许是已经灭亡了。

我们生来是软弱的,所以我们需要力量;我们生来是一无所有的,所以需要帮助;我们生来是愚昧的,所以需要判断的能力。我们在出生的时候所没有的东西,我们在长大的时候所需要的东西,全都要由教育赐与我们。

这种教育,我们或是受之于自然,或是受之于人,或是受之于事物。我们的才能和器官的内在的发展,是自然的教育;别人教我们如何利用这种发展,是人的教育;我们对影响我们的事物获得良好的经验,是事物的教育。

所以,我们每一个人都是由三种教师培养起来的。一个学生,如果在他身上这三种教师的不同的教育互相冲突的话,他所受的教育就不好,而且将永远不合他本人的心意;一个学生,如果在他身上这三种不同的教育是一致的,都趋向同样的目的,他就会自己达到他的目标,而且生活得很有意义。这样的学生,才是受到了良好的教育的。

在这三种不同的教育中,自然的教育完全是不能由我们决定的,事物的教育只是在有些方面才能够由我们决定。只有人的教育才是我们能够真正地加以控制的;不过,我们的控制还只是假定的,因为,谁能够对一个孩子周围所有的人的言语和行为通通都管得到呢?

一旦把教育看成是一种艺术,则它差不多就不能取得什么成就,因为,它要成功,就必须把三种教育配合一致,然而这一点是不由任何人决定的。我们殚思极虑所能做到的,只是或多或少地接近目标罢了;不过,要达到这一点,还需要有一些运气咧。

是什么目标呢?它不是别的,它就是自然的目标,这是刚才论证过的。既然三种教育必须圆满地配合,那么,我们就要使其他两种教育配合我们无法控制的那种教育。也许,自然这个词的意义是太含糊了,在这里,应当尽量把它明确起来。

有人说,自然不过就是习惯罢了。这是什么意思呢?不是有一些强制养成的习惯永远也不能消灭天性的吗?举例来说,有一些被我们阻碍着不让垂直生长的植物,它们就具有这样的习性。自由生长的植物,虽然保持着人们强制它倾斜生长的方向,但是它们的液汁并不因此就改变原来的方向,而且,如果这种植物继续发育的话,它又会直立地生长的。人的习性也是如此。只要人还处在同样的境地,他就能保持由习惯产生的习性,虽然这些习性对我们来说是最不自然的;但是,只要情况一有改变,习惯就消失了,天性又回复过来。教育确实只不过是一种习惯而已。不是有一些人忘掉了他们所受的教育,另外一些人则保持了他们所受的教育吗?这种差别从什么地方产生的呢?如果是必须把自然这个名词只限用于适合天性的习惯,那么,我们就可以省得说这一番多余的话了。

我们生来是有感觉的,而且我们一出生就通过各种方式受到我们周围的事物的影响。可以说,当我们一意识到我们的感觉,我们便希望去追求或者逃避产生这些感觉的事物,我们首先要看这些事物使我们感到愉快还是不愉快,其次要看它们对我们是不是方便适宜,最后则看它们是不是符合理性赋予我们的幸福和美满的观念。随着我们的感觉愈来愈敏锐,眼界愈来愈开阔,这些倾向就愈来愈明显;但是,由于受到了我们的习惯的遏制,所以它们也就或多或少地因为我们的见解不同而有所变化。在产生这种变化以前,它们就是我所说的我们内在的自然。

因此,必须把一切都归因于这些原始的倾向;如果我们所受的三种教育只不过是有所不同的话,这是可以的;但是,当三种教育彼此冲突的时候,当我们培养一个人，不是为他自己，而是为了别人的时候，又怎样办呢？这样，要配合一致，就不可能了。由于不得不同自然或社会制度进行斗争，所以必须在教育成一个人还是教育成一个公民之间加以选择，因为我们不能同时教育成这两种人。

......

人们把孩子的手足束缚起来，以致不能活动，感到十分的拘束，这样只有阻碍血液和体液的流通，妨害孩子增强体力和成长，损伤他的体质。在不采用这些过分小心的办法的地方，人人都长得高大强壮，体材十分匀称。凡是用襁褓包裹孩子的地方，到处都可看到驼背的，瘸腿的，膝盖内弯的，患佝偻病的，患脊骨炎的，以及各种各样畸形的人。由于害怕自由活动会使身体成为畸形，结果却逼着它们长成畸形。为了防止孩子们成为残废，人们就甘愿使他们的关节僵硬。

像这样残酷的束缚，难道不会影响孩子们的脾气和性格吗？他们的第一个感觉，就是一种痛苦的感觉，他们感到每一个必要的活动都受到阻碍，他们比戴着手铐脚镣的犯人还要难过，他们徒然挣扎，他们愤怒，他们号哭。你们说，他们第一次发出的声音是不是哭出来的呢？我认为确实是哭出来的，因为他们一生下来你们便妨碍他们的活动；他们从你们那里收到的第一件礼物是锁链，他们受到的第一种待遇是苦刑。除了声音以外，什么也不自由，他们怎能不用他们的声音来诉他们的苦呢？他们哭诉你们施加给他们的痛苦；要是你们也这样被捆着绑着的话，也许比他们哭得更厉害呢。

名段之二：把孩子看作孩子[①]

当小孩子开始说话后，他们哭的时候就要少一些。这种进步是很自然的：一种语言代替了另外一种语言。一到他们能够用语言说出他们所受的痛苦，只要不是痛得不能用言语形容的时候，他们为什么要用哭来表示呢？

---

① 该名段节选自［法］卢梭著，李平沤译的《爱弥儿——论教育》（上卷），人民教育出版社1985年版，第63—68、84页。标题"把孩子看作孩子"为编者所加。

所以,如果他们哭个不停的话,那就要怪他们周围的人。即使爱弥儿说:"我痛了",那也要痛得非常厉害才能使他哭起来的。

如果孩子长得很聪慧,如果他天生就爱无缘无故地啼哭,我就让他白白地哭一阵,得不到一点效果,这样,就可以很快地使他擦干他的眼泪。只要他在哭,我就不到他那里去;他不哭了,我马上就跑到他的身边。不久以后,他呼唤我的时候就将采用停止啼哭的办法,或者,要哭也至多只哭一声。因为,孩子们是根据信号的可以感觉的效果来判断其意义的;对他们来说,没有其他一成不变的意思,因此,不论一个孩子受了什么样的创痛,当他独自一个人的时候,除非他希望别人听见他在哭,他是很少哭的。

如果他摔倒了,如果他头上碰肿了,如果他鼻子出血了,如果他的手指戳伤了,我不但不惊惶地急忙走到他的身边,反而安详地站在那里,至少也要捱些时候才走过去。伤痛已经发生了,他就必须忍受;我急急忙忙的样子,反而使他更加害怕,更加觉得疼痛。其实,当我们受伤的时候,使我们感到痛苦的,并不是所受的伤,而是恐惧的心情。我这样做,至少给他排除了后面这一种痛苦,因为,他一定是看我怎样判断他所受的伤,就怎样判断他所受的伤的:如果他看见我慌慌张张地跑去安慰他,替他难过,他就以为他这一下可糟了;如果他看见我很镇静,他也马上会镇静起来,以为创痛已经好了,不再痛了。他正该在这样的年龄开始学习勇敢的精神,在毫不畏惧地忍受轻微痛苦的过程中,他就会渐渐学到如何忍受更大的痛苦了。

我非但不小心谨慎地预防爱弥儿受什么伤,而且,要是他一点伤都不受,不尝一尝痛苦就长大的话,我反而会感到非常苦恼的。忍受痛苦,是他应该学习的头一件事情,也是他最需要知道的事情。似乎,孩子们之所以如此弱小,正是因为要他们受到这些没有危险的重要的教训。即使孩子从上面跌下来,他也不会摔断他的腿;即使他自己用棍子打一下,他也不会打断他的胳臂;即使他抓着一把锋利的刀子,他也不会抓得太紧,弄出很深的伤口。除非人们漫不经心地把孩子放在高高的地方,或者让他独自一人坐在火炉旁边，或者把危险的器具放在他可以拿得到的地方，否则我也从来没有听说过一个自由自在的孩子会把自己弄死了，或者弄成残废了，或者受到很重的伤了。有些人用各式各样的东西把孩子围起来，预防他受到任何伤害，以致他在长大后一有痛苦便不能对付，既没有勇气，也没有经验，只要刺痛一下便以为就要死了，看见自己流一滴血便昏倒过去，弄成这样的结果，我们还能说这一大堆设备有什么用呢？

我们教训人和自炫博学已经成癖，以致往往把那些孩子们自己本来可以学得更好的东西也拿去教他们，可是却忘记要他们学习只有我们才能教他们的事情。我们费了许多气力教孩子走路，好像因为看见过什么人由于保姆的疏忽，到长大的时候就不会走路似的，还有比这样去教孩子更愚蠢的事么？恰恰相反，我们发现有多少人正是因为我们教坏了走路的样子，一生走路都走不好啊！

爱弥儿将来是不使用学走车、小推车和引步带的，当他知道怎样把一只脚移到另一只脚的前边时，我们就只是在有石子的地方才扶他一下，而且也只是为了使他很快地走过去。我不但不让他呆在空气污浊的屋子里，反而每天都把他带到草地上去。在那里，让他跑，让他玩，让他每天跌一百次，这样反而好些：他可以更快地学会自己爬起来。从自由中得到的益处可以补偿许多的小伤。我的学生也许身上常常都有点儿伤，然而他永远是快乐的；你的学生也许受的伤要少一点，但他们常常感到别扭，处处受到拘束，常常都那样忧愁不快的。我怀疑这对他们有什么好处。

另外一种进步使孩子们觉得哭泣是没有那么必要的，这种进步就是他们的体力的增长。由于他们能更多地依靠自己，所以就不用经常地求助于人。有了体力，他们运用体力的智慧也跟着发展起来。正是在这第二个阶段开始了他个人的生活；在这个时候，他也意识到了他自己。记忆力使自我的感觉延续到他一生的每一个时刻；他真正地成为一个人，成为他自己，因此，他已经有为福还是为祸的能力了。应该从这里开始把他看作一个有心思的人了。

虽然我们可以给人的生命定一个差不多是最长的期限,并且让人们在每个年龄上都有达到这个期限的可能性,但是,再没有什么东西像每一个特定的人的寿命那样没有把握的了,能够达到这个最长的期限的人是非常之少的。生命遭遇最大的危险的时候是在它的开始;对生活的体验愈少,则保持其生命的希望也愈小。在出生的孩子当中,至多有一半能够长成青年;也许,你的学生是不会达到成人的年龄的。

当我们看到野蛮的教育为了不可靠的将来而牺牲现在,使孩子受各种各样的束缚,它为了替他在遥远的地方准备我认为他永远也享受不到的所谓的幸福,就先把他弄得那么可怜时,我们心里是怎样想法的呢?即使说这种教育在它的目的方面是合理的,然而当我看见那些不幸的孩子被置于不可容忍的束缚之中,硬要他们像服苦役的囚徒似的继续不断地工作,我怎么不感到愤慨,怎能不断定这种做法对他们没有一点好处?欢乐的年岁是在哭泣、惩罚、恐吓和奴役中度过的。你们之所以折磨那可怜的孩子,是为了使他好;可是不知道你们却招来了死亡,在阴沉的环境中把他夺走了。谁知道有多少孩子由于父亲或教师过分地小心照料终于成牺牲品?能够逃脱这种残酷的行为,可以说是很幸运的,孩子们在遭受了种种灾难以后,所得到的唯一好处是,在死亡的时候不至于对这个受尽苦楚的生命抱有惋惜的心情,因为他们在这一生中遭到的尽是苦难。

人啊!为人要仁慈,这是你们的头一个天职:对任何身份、任何年龄的人,只要他不异于人类,你们对他都要仁慈。除了仁慈以外,你们还能找到什么美德呢?要爱护儿童,帮他们做游戏,使他们快乐,培养他们可爱的本能。你们当中,谁不时刻依恋那始终是喜笑颜开、心情恬静的童年?你们为什么不让天真烂漫的儿童享受那稍纵即逝的时光,为什么要剥夺他们绝不会糟踏的极其珍贵的财富?他们一生的最初几年,也好像你们一生的最初几年一样,是一去不复返的,你们为什么要使那转眼即逝的岁月充满悲伤和痛苦呢?做父亲的,你们知不知道死神什么时候会夺去你们的孩子?你们决不要剥夺大自然给予他们的短暂的时间,否则你们将后悔不及的;一到他们能感受生的快乐,就让他们去享受;不管上帝在什么时候召唤他们,你们都不要使他们没有尝到生命的乐趣就死了。

多少人将起来反对我呀!我老远就听见那虚假的聪明人发出的叫嚣;他们不断地使我们迷失本性,他们轻视现在,不停地追求那愈追愈是追不到的未来,他们硬要我们离开现在的境界,走向我们永远也达不到的地方。

你们回答我说,现在是改正人的不良倾向的时候,在童年时期,对痛苦的感觉最轻,正是在这个时候应当使他多受痛苦,以便他在达到懂事的年龄时少受痛苦。但是,谁告诉过你可以由你们随心所欲地这样安排,谁曾说过你们对一个孩子的稚弱的心灵进行这番美妙的教训,将来不至于对他害多益少?你怎么知道采取多多折磨孩子的办法就可以省去一些麻烦?既然是不能肯定目前的痛苦能够解除将来的痛苦,为什么又要使他遭受他现时承受不了的那么多灾难呢?你们怎样给我证明,你们企图医治他们的那些不良倾向,不是来自你们的错误做法而是来自自然?你们所抱的希望是好歹终有一天使他获得幸福,然而在目前却把他弄得怪可怜的,这样的远虑是多么糟糕!这些庸俗的理论家,竟把放纵同自由、快乐的儿童同娇养的儿童,全都混淆起来,我们必须使他们了解这中间是有区别的。

为了不追逐幻想,我们就不能忘记怎样才能使我们适合于自己的环境。在万物的秩序中,人类有它的地位;在人生的秩序中,童年有它的地位:应当把成人看作成人,把孩子看作孩子。分配每个人的地位,并且使他固定于那个地位,按照人的天性处理人的欲念,为了人的幸福,我们能做的事情就是这些。其余的事情就要以各种外因为转移,但是,外因却不是我们的能力可以决定的。

……

大自然希望儿童在成人以前就要像儿童的样子。如果我们打乱了这个次序,我们就会造成一些早熟的果实,它们长得既不丰满也不甜美,而且很快就会腐烂；我们将造成一些年纪轻轻的博士和老态龙钟的儿童。儿童是有他特有的看法、想法和感情的；如果想用我们的看法、想法和感情去代替他们的看法、想法和感情，那简直是最愚蠢的事情。……

名段之三：自然教育的目标①

我的事业即将完成，我早就看出完成的时间即将到来了。所有一切巨大的困难都克服了，所有一切巨大的障碍都越过了，现在要注意的是不要因急于求成而前功尽弃。在变化无常的人生中，我们要特别避免那种为了将来而牺牲现在的过于谨慎的畏首畏尾的做法；这种做法往往是为了将来根本就得不到的东西而牺牲现在能够得到的东西。我们应当使一个人在什么年龄就过什么年龄的快乐生活，以免花了许多心血之后，还没有过快乐的生活就死了。如果说我们每一个人都有一个享受生命的时候的话，那就是在少年时期结束的时候，因为在这个时候一个人的身心的各个部分的发育最为健全，同时，在这个时候正是达到他一生的过程的中途，离他觉得很短促的两端最远。如果说糊涂的年轻人的做法是很错误的话，那不错在他们贪玩，而是错在他们所寻求的不是他们目前即能享受的乐趣，错在他们由于希求暗淡的未来，而不知道利用他们当前就能享用的时间。

请你看一看我的爱弥儿：他现在已经年过二十，长得体态匀称，身心两健，肌肉结实，手脚灵巧；他富于感情，富于理智，心地是十分地仁慈和善良；他有很好的品德，有很好的审美能力，既爱美又乐于为善；他摆脱了种种酷烈的欲念的支配和偏见的束缚，他一切都服从于理智的法则，他一切都倾听友谊的声音；他具有许多有用的本领，而且还通晓几种艺术；他把金钱不看在眼里，他谋生的手段就是他的一双胳臂，不管他到什么地方去，都不愁没有面包。……

---

① 该名段节选自［法］卢梭著，李平沤译的《爱弥儿——论教育》（下卷），人民教育出版社1985年版，第609页。标题"自然教育的目标"为编者所加。在该名段中，卢梭提出了他的自然教育的目标，即如第二自然段所述的20岁时的爱弥儿是什么样的人，这也是卢梭理想中的人。

三、卢梭的教育思想

法国教育家卢梭是自然教育思想的代表人物。主要著作有《论人类不平等的起源和基础》(1755)、《社会契约论》(1762)和《爱弥儿》(1762)等。

(一) 教育要顺应自然

卢梭认为,自然教育的核心是教育必须遵循自然,顺应人的自然本性。他在《爱弥儿》开卷即写道:"出自造物主之手的东西都是好的,而一到了人的手里,就全变坏了。""如果你想永远按照正确的方向前进,你就要始终遵循大自然的指引。"因此,卢梭反对那种不顾儿童的特点,干涉并限制儿童自由发展,违背儿童天性的传统的古典教育,提出了教育要顺应自然的思想。

在卢梭看来,人所受的教育,来源不外三种,或"受之于自然",或"受之于人",或"受之于事物"。他说:"我们的才能和器官的内在发展,是自然的教育;别人教我们如何利用这种发展,是人的教育;我们对影响我们的事物获得良好的经验,是事物的教育。"这三方面的教育是相互联系的。如果在一个人身上这三种不同的教育互相冲突的话,他所受的教育就不好;如果这三方面的教育是一致的,都趋于同一目的,他就能受到良好的教育,达到他自己的目标,而且生活得很有意义。卢梭还进一步分析:"在这三种不同的教育中,自然的教育完全是不能由我们决定的;事物的教育只是在有些方面才能够由我们决定;只有人的教育才是我们能够真正地加以控制的。"因此,应该以自然的教育为中心,使事物的教育和人的教育服从于自然的教育,使这三方面教育相配合并趋于自然的目标,才能使儿童享受到良好的教育。

卢梭所说的"自然"是指人的才能和器官,也就是人的天性。因此,"自然教育"就是服从自然的法则,顺应儿童天性发展进程,促进儿童身心自然发展的教育。卢梭强调说:"大自然希望儿童在成人以前就要像儿童的样子。"在他看来,如果以成人的偏见加以干涉,剥夺儿童应有的权利,结果只会打乱自然的次序,破坏自然的法则,从根本上毁坏儿童。

卢梭认为顺应自然的教育必然也是自由的教育,因为人最重要的自然权利就是自由。卢梭声称:"真正自由的人只想他能够得到的东西,只做他喜欢做的事情,这就是我的第一基本原理。只要把这个原理应用于儿童,就可源源得出各种教育原理。"因此,他要求要尊重儿童的自由,让儿童享有充分自由活动的可能和条件,并在教学过程中采取自然的、自由的教学方法以适应儿童的身心发育水平和个别差异。

(二)教育要培养"自然人"

卢梭认为,自然教育的目的是培养"自然人",即完全自由成长、身心调和发达、能自食其力、不受传统束缚、能够适应社会生活的一代新人。这种"自然人",从小就被训练尽可能地自食其力,既没有永远求助于人的习惯,也没有向人夸耀的习惯;能够对事物进行观察、判断、独立的思考和分析;从小就以自然为师获得许多经验,而不以人为师;身体和头脑同时都得到锻炼,不仅身体健壮,而且头脑聪明,富有见识。这种"自然人",是生活在社会中的自然人,是能够尽到社会职责的社会成员,而不是回到原始社会的没有文化的人,也不是脱离现实的野蛮人。

应该看到,卢梭所憧憬的"自然人"具有以下特征:第一,不受传统(等级、阶段、职业)的束缚,按本性发展;第二,不依附于他人,能够自食其力,具有独立性;第三,具有社会适应性,能够承当社会责任;第四,体脑发达,身心健康,具有独立思考能力。

(三)教育要注意人的年龄特性

从教育要"顺应自然"的原则和教育要培养"自然人"的目的出发,卢梭强调指出,教育应该要注意儿童的年龄特性。根据年龄阶段的分期,卢梭提出，在不同时期所进行的教育是不同的。

1.在婴儿期（出生至 2 岁），主要是进行体育。这一时期，教育的主要任务是促进儿童身体的健康发育。因为健康的体魄是智慧的基础，是儿童接受自然的教育的条件。卢梭主张应该让婴儿在乡村环境下自然地生长，注意婴儿对于食物的自然选择能力。他反对用襁褓去束缚婴儿，更反对婴儿娇生惯养，指出要"锻炼他们的体格，使他们能够忍受酷烈的季节、气候和风雨，能够忍受饥渴和疲劳"。

2.在儿童期（2 岁至 12 岁），主要是进行感觉教育。这一时期儿童的身体活动能力和语言能力都发展了，他们的感觉能力也发展了，但还不适宜进行抽象的概念和文字知识方面的教育。应该指导儿童锻炼及发展各种感觉器官，积累丰富的感觉经验，为下阶段的学习打下基础。在感觉教育上，卢梭指出首先是发展触觉，其次是发展视觉，最后是发展听觉。卢梭提出了感觉的具体方法，并把游戏、绘画、唱歌等活动看作是感觉教育的最好途径。此外，还提出应加强儿童的体育锻炼，以促进感觉能力的发展。

由于儿童的理智还处于睡眠状态，因此，不要强迫儿童去读书。卢梭认为，在儿童根本不喜欢读书的时候，读书对他们是无用的。宁愿让儿童一个字也不识，也不使他们为了学到一些学问而把其他有用的东西都牺牲了。

在纪律教育方面，卢梭反对体罚，也不赞成口头说教。他提出，当儿童犯了错误和过失后，不必直接去制止或处罚他们，而让儿童在同自然的接触中，体会到自己所犯的错误和过失带来的自然后果。这就是教育史上著名的"自然后果法"。

3.在少年期（12 岁至 15 岁），主要是进行智育和劳动教育。由于儿童已经受到良好的体育和感觉教育，因而已经具备了进行智育和劳动教育的条件。

卢梭认为，智育的任务不在于传授系统的科学知识，而在于发展儿童获得知识的能力，激发他们对所学知识的兴趣和热情。儿童不能学习一切东西,只需要学习应该学习的东西。他说:"真正有益于我们幸福的知识,为数是很少的,但是只有这样的知识才值得一个聪明的人去寻求,从而也才值得一个孩子去寻求,因为我们的目的就是要把他培养成那样的聪明人。总之,问题不在于他学到的是什么样的知识,而在于他所学的知识要有用处。"在智育的方法上,卢梭主张让儿童通过实地观察,在大自然中获得知识;强烈反对让儿童靠死记硬背去掌握书本知识,甚至提出"以世界为惟一的书本,以事实为惟一的教材"。他还指出,成人对儿童的指导要少,不要教给儿童正确的答案,而应该让儿童自己去获得,引导儿童独立解决问题。

卢梭对劳动和劳动教育也非常重视。他指出,劳动是每个自由人的社会义务,只有靠劳动而生活的人,才是真正自由的人;劳动教育的任务是使儿童通过劳动学会适应各种工具以及相关技术,锻炼身体,发展人的心灵。卢梭最推崇手工劳动,认为它最自由,最近于自然状态,最独立,不受他人束缚。总之,卢梭希望儿童能够"像农民那样劳动,像哲学家那样思考"。

4. 在青年期(15岁至20岁),主要是进行道德教育。由于青年人处于激动和热情的阶段,需要用道德准绳的力量加以调节,指导他们处理好人与社会、人与人之间的关系。道德教育的主要内容是培养善良的情感、正确的判断和坚强的意志。卢梭指出,应该通过各种善行练习,即通过道德的实践来培养儿童坚定的意志。同时,他指出,应把道德教育放在城市中进行。

【讨论与研究】

1. 简述卢梭的"自然教育"理论。

2. 试述卢梭的儿童观。

测试与答案

赫尔巴特与《普通教育学》

一、赫尔巴特生平[①]

约翰·弗里德里希·赫尔巴特（德语：Johann Friedrich Herbart，1776—1841），19世纪德国著名的教育家、哲学家，公认的现代教育心理学的创始人、科学教育学之父。赫尔巴特是第一个试图把教育建立为一门学科的理论家。他不仅指明了教育学的研究对象，指出了它同其他学科的相互关系，而且提出了科学的术语、定义和分类。其代表作《普通教育学》被公认为第一部具有科学体系和现代意义的教育学著作。

1776年，赫尔巴特出生在德国西北部的一座城市——奥尔登堡

---

① 参考毕诚主编的《中外教育名著评价》（第二卷），山东教育出版社1992年版，第996—998页。

(Oldenburg)的一个司法官家庭。赫尔巴特是家中的独子,童年曾受过良好的古典文学和哲学教育,并在这些方面表现出卓越的才能。

1788 年,赫尔巴特进入奥尔登堡文科中学,接受古典式的学校教育,开始研究康德的哲学。在那里,赫尔巴特以其广博的学识引起了教师们的注意。1789 年,赫尔巴特写出了第一篇哲学论文《论人类道德的自由》。

1793 年,赫尔巴特中学毕业后进入当时德国哲学革命的中心耶拿大学学习法学。由于他对法学毫无兴趣,后又转学自己选择的哲学,并师从康德的学生费希特。赫尔巴特深入研究了康德、费希特等人的哲学,这为他以后在教育实践中运用哲学创立教育科学,奠定了良好的理论基础。

1797 年,赫尔巴特完成了耶拿大学的学业,开始了他的教学生涯。从 1797 年到 1800 年,他在瑞士的一个贵族家庭中担任 3 个年龄分别为 8 岁、10 岁和 14 岁的男孩的家庭教师。他每隔两个月就写一份教育报告,3 年共写了 24 份报告。这些报告既是赫尔巴特对自己的教学经验的总结,又包含着他后来的学说体系结构的基本观念。在对他所教的 3 个儿童的个性和需要进行研究的过程中,赫尔巴特体验并认识到了心理学对于教育学的价值,并开始研究教育学中的心理学问题。就在此间,他与裴斯泰洛齐①结下忘年之交,并于 1799 年专程到布格多夫访问了这位充满爱心的伟大教育家。1802 年,赫尔巴特发表了他的第一篇教育论文《裴斯泰洛齐关于直观的初步观念》。裴斯泰洛齐要使教育心理学化的思想给了赫尔巴特以极大的启迪,使其开辟教育科学之路的努力有了真正的起点。之后,赫尔巴特又撰写了《评裴斯泰洛齐教学方法》(1804)、《世界审美表象》(1804)等著作。

1802 年,赫尔巴特获得哥丁根大学博士学位,随即在该校讲授教育学、心理学、逻辑学和哲学。1805 年,他成为正式教授。1806 年,赫尔巴特发表

---

① 裴斯泰洛齐(1746—1827),瑞士著名的教育家和教育改革家,提出"教育心理学化"理论。

了他的教育学代表作《普通教育学》一书,开始构建他的主知主义教育思想①
体系。

1809 年,他应哥尼斯堡大学的邀请,在"康德哲学讲座"讲授哲学和教
育学。在这里,除了讲学之外,他还主持成立了教育科学研究所和实验学
校,并在实验学校中教授数学课。他的教学和实验研究工作均获得了成功。
在哥尼斯堡大学的二十多年,是赫尔巴特学术生涯的高峰期,他形成了具有
自己特色的教育理论和方法。

1833 年,赫尔巴特辞去哥尼斯堡大学教学职务,重返哥丁根大学教授
哲学和教育学,并在此颐养天年。1835 年,赫尔巴特发表了《教育学讲授纲
要》,进一步发展了《普通教育学》中的思想,完善了他的教育学体系。

1841 年,赫尔巴特因中风而病逝,享年 65 岁。

赫尔巴特勤于笔耕,著述甚丰。主要教育著作有《普通教育学》(1806)、
《公共协作下的教育》(1810)、《音乐之心理研究》(1811)、《关于教育的黑暗
面》(1812)、《教育与生活的关系》(1818)、《关于心理学应用于教育学的几封
信》(1831)、《教育学讲授纲要》②(1835)等。其中,《普通教育学》一书是反映
赫尔巴特教育思想的经典和代表作,赫尔巴特也自称:"这本书的产生,是出
自我的哲学思想,同时也是根据我的哲学思想,利用各种机会,收集并整理
了我精心安排的观察和实验的材料。"

赫尔巴特一生中的大部分时间在德国大学中从事哲学、教育学的教学

---

① 主知主义(也称主智主义,intellectualism)是西方近代教育发展进程中产生的一种重要
的教育思想或思潮。这一教育思想发展于 17 世纪,至 19 世纪趋于鼎盛,成为推动欧美教育发展
的主导思想。主知主义教育思想主张把传播知识和发展理智作为教育和教学过程的基础与目
的,注重研究知识传授的方法与途径。

② 《教育学讲授纲要》是对《普通教育学》的补充与具体化。在这两本著作中,赫尔巴特提
出了作为独立的一门科学的教育学理论体系。他认为教育学的基础是哲学与心理学,教育的目
的是培养道德性格的力量,这主要体现在五个道德观念上,即内心自由的观念、完善的观念、善意
的观念、正义的观念和报偿的观念。他把实现这种教育目的的手段分为三种,即管理、教育性教
学和训育。

工作,并以哲学、心理学为基础致力于建立科学教育学,他为教育科学事业的建设,整整奋斗了 44 年,为教育学的发展建立了不可磨灭的功勋。人们为了纪念他的功绩,在他百年诞辰时为其建立了一座纪念碑。

二、《普通教育学》简赏

(一)《普通教育学》的结构与内容①

《普通教育学》(德语:*Allgemeine Padàgogik*,英语:*General Pedagogy*,1806)一书的全称为《从教育目的引出的普通教育学》。全书共分三编、十四章,三编之前加有一个"绪论"。

在"绪论"部分,赫尔巴特着重说明了教师学习教育学的意义与作用。

第一编的标题是"教育的一般目的",共分两章,第一章为"儿童的管理",第二章为"真正的教育"。

在这一编中,赫尔巴特主要论述了三个问题:(1)儿童管理的目的。儿童生来就有一种烈性,使得他不遵守秩序,甚至有可能形成反社会的倾向,因此,需要儿童管理进行必要的预防。(2)儿童管理的措施。在对儿童进行管理时,可以采取威胁、监督、权威与爱、活动以及惩罚等措施。特别要注意,真正的教育对待儿童从来不是生硬的,但却常常是强制的和很严格的。(3)教育目的是多方面的。由于人的追求是多方面的,因此,教育者对儿童的关心也应该是多方面的。但与此同时,教育者又要把儿童的个性作为出发点。个性可能同多方面性是冲突的,但各种个性全部都包含在多方面性中。

---

① 参考毕诚主编的《中外教育名著评价》(第二卷),山东教育出版社 1992 年版,第 998—999 页;单中惠、朱镜人主编的《外国教育经典解读》,上海教育出版社 2004 年版,第 152—153 页。

第二编的标题是"兴趣的多方面性",共分六章,各章依次为:"多方面性的概念""兴趣的概念""多方面兴趣的对象""教学""教学的过程""教学的结果"。

在这一编中,赫尔巴特主要论述了三个问题:(1)兴趣的概念。兴趣就是内心的主动趋势和积极活动。正是在兴趣中,一个人可以容易地去完成他的各种决定。对于儿童来讲,兴趣是多方面的。对于教学来讲,没有兴趣,教学无疑是空洞乏味的。(2)教学的过程。教学过程包括"专心"和"审思"两个环节,具体分为四个阶段(清楚、联合、系统、方法)。(3)教学的类型。从教学的类型来看,可以分为递进的提示教学、分析教学、综合教学三种。提示教学的目的主要在于以儿童原有的经验为基础,通过单纯的提示对这些有限的经验给以补充和扩大。分析教学的目的在于通过分析儿童自己头脑中已有的和通过提示教学而增加的知识,使他们的一切表象达到明确和纯洁的程度。综合教学的目的在于通过新旧知识的概括,使儿童把他们自己掌握的彼此隔离的知识综合为一个整体。

第三编的标题是"性格的道德力量",共分六章,各章依次为:"究竟什么叫做性格""论道德的概念""道德性格的表现形式""性格形成的自然过程""训育""训育特殊性的考察"。

在这一编中,赫尔巴特主要论述了三个问题:(1)性格与道德性格。性格是意志的形态,意志是性格的基点。具体来说,性格就是意志的一致性与坚定性,分为主观部分和客观部分。道德性格就是克服性格的主观部分和客观部分的不一致,使道德的积极部分和消极部分融合起来,以便达到具有完善的道德观念的境界。(2)影响性格形成的诸因素。这些因素包括行动、思想范围、素质、生活方式等。其中,由于行动从欲望中产生意志,因此,行动是性格的原则。(3)训育与性格培养。对性格培养来讲,训育具有间接的和直接的双重作用。整个训育过程可以分成道德判断、道德热情、道德决心、道德自律四个阶段,其中,道德判断在任何情况下都必然构成一个人的道德基础。

(二)《普通教育学》的中国版本

《普通教育学》的最早中译本是由尚仲衣[①]根据英国费尔金夫妇(Henry M. & Emmie Felkin)的英文版翻译的,1936 年由商务印书馆出版。尚本译文典雅洗练,不失为一较好的译本,惜因当时条件所限,译文亦有失当之处。中华人民共和国成立后,陈书又根据英文版并参考尚本对《普通教育学》一书的部分章节予以翻译,包含在《西方资产阶级教育论著选》(张焕庭主编)一书中,由人民教育出版社于 1964 年出版。1989 年,人民教育出版社又将《普通教育学》与《教育学讲授纲要》合为一书,作为"外国教育名著丛书"之一予以出版,译者为李其龙[②]。新版《普通教育学》是直接根据德文原版翻译的,纠正了过去旧版本中存在的一些失当之处,为现今常见的译本。

(三)《普通教育学》的简要书评[③]

《普通教育学》是继夸美纽斯《大教学论》之后对教育进行全面综述的一部著作。赫尔巴特在他的著作中,初步建立了"科学教育学"的体系,这对推动教育科学的发展、建立教育科学体系发挥了重要作用。他的教育理论在欧美各国影响甚大,对我国中小学教育也产生过显著影响。但从该书的整个理论基础而言,其哲学、道德学均带有时代和阶级的局限。

[①] 尚仲衣(1902—1939),河南罗山县人,我国近代著名教育家和社会活动家。早年留学美国,获哥伦比亚大学博士学位,1929 年归国后在大学的讲坛上不仅介绍西方资产阶级的教育理论,还大胆地介绍苏联社会主义的教育理论。

[②] 李其龙(1941—),上海人,我国著名的比较教育学家。现为华东师范大学国际与比较教育研究所教授、博士生导师,主要从事比较教育、德国教育研究。译有赫尔巴特《普通教育学》,主编及主译《赫尔巴特文集》,著有《西德教育与经济发展》《德国教学论流派》《德国教育》等专著。

[③] 参考乔建中主编的《中外教育经典名著速读》,南京师范大学出版社 2004 年版,第 69 页。

（四）《普通教育学》的名段品读

名段之一：教育目的和兴趣的多方面性①

一、教育的目的是单纯的还是多方面的

……德育应把其他部分作为先决条件,只有在进行其他方面教养的过程中才能有把握地开展德育。希望无成见的人们不难觉察到,德育问题是不能同整个教育分离开来的,而是同其他教育问题必然地、广泛深远地联系在一起的。但是这篇论文本身可以表明,该文中论述的这种联系在一定程度上却没有详细地涉及教育的所有部分,而本来只要它们是存在于这种联系中的话,就应当说明它们的。关于我们不能置之不理的一般教养的直接价值,关于这方面的其他一些观点是更迫切需要作出解说的。因此,我坚信把德育置于首位的探讨方法确实应当是教育的主要观点,但不是唯一的观点,不是能概括一切的观点。这里要附带说明,在那篇论文中业已开始的探索应当继续下去,必须直接依靠哲学的完整体系来进行这种探索。但现在,直到哲学探索在某时变得清清楚楚以前,教育还没有休息时间。我们更希望教育尽可能对哲学分支保持独立性。出于这一切理由,我在这里采取这样的办法:使其对读者容易些,不太会导入歧途;使其对科学来说各点都能顾及到;但这对最后作全面考虑与对整体作总结来说,在某种程度上都欠佳,因为有一些问题总会在孤立地作出的考虑中遗漏掉,而且在使各种现象达到最完美统一方面也会有些欠缺的。这些讨论是针对那些感到有责任去整理教育学的人们的,或者说确切一点,是针对那些有责任用自己的方法去创建教育学的人们的。

从教育的本质来看,统一的教育目的是不可能产生的。这是因为一切都必须从这样一种思想出发来进行考虑的缘故:教育者要为儿童的未来着

---

① 该名段选自[德]赫尔巴特著,李其龙译的《普通教育学·教育学讲授纲要》,人民教育出版社1989年版,第37—40页。标题"教育目的和兴趣的多方面性"为编者所加。

想。因此,学生将来作为成年人本身所要确立的目的,这是教育者当前必须关心的;他必须为使孩子顺利地达到这些目的而事先使其作好内心的准备。他不应该挫伤未来成年人的活动,因此现在不应该把这些活动局限在个别几方面,同样也不应该通过分散这种活动来削弱它。他既不应该忽视活动的强度,又不应该忽视它的广度,被他忽视的,今后儿童会重新向他索取。不管困难大小,有一点是清楚的,因为人的追求是多方面的,所以教育者所关心的也应当是多方面的。

可是,我并不是说,教育的多方面不容易归纳到一个或几个主要的形式概念(这里指抽象概念,下同。——译者注)中去,相反,我们认为,学生未来目的范围立即可以分为:一种纯粹可能的目的领域和一种完全与此区分开来的必要的目的领域。前者他也许今后总会把握住并在任何范围内去追求的;而后者,假如忽略过去的话,儿童是决不会原谅自己的。总而言之,教育目的可以按照未来成人——既非教育者,又非儿童——的意向目的和道德目的来区分的。这两个主要纲目对于每个人,只要他记得起伦理学最著名的基本思想的话,便会立即清楚的。

二、兴趣的多方面性——道德性格的力量

1. 教育者如何才能在事先把握学生只有在将来才有可能达到的目的?

这种目的的对象作为纯粹意向的事情对于教育者来说是根本不感兴趣的。只有未来成人的愿望本身,乃至他出于这种愿望对自己提出来的要求的总和,才是教育者本着善意去实现的对象;而学生必须赖以应付其自身各种要求的能力、原始的兴趣和活动,按培养完美的人的思想来看,这些方面乃是教育者作出判断的对象。因此,这里浮现在我们眼前的不是各个别目的的一定数量(个别目的无论在什么地方都是我们事先无法知道的),而主要是成长着的一代人的活动,即他那内在的和明显地表露出来的活动力与敏捷性的总和。这种总和越大,越充实,越广泛,越和谐,那么就越完美,而我们带着善意要去实现目的的把握就越大。

但是,花朵切不可过分开放——圆满的状态切不可因为在各方面过于分散而成为它的弱点。人类社会早就发现分工是必要的,这样每个人都可以把他所做的事做好。但是,要做的事越局限,分得越细,那么每个人从其他人方面要接受的东西也就越多。因为智慧的可接受性基于各心智间接近的可能性,而后者又基于相似的心智活动,所以不言而喻,在真正人类的较高级活动领域中,分工不应该分到使每个人相互都不了解的程度。大家都必须热爱一切工作,每个人都必须精通一种工作。但是,这种专一的精通是各人意向中的事情,而多方面的可接受性,只能产生于个人从一开始就作出的多方面的努力之中,这就是教育的任务。因此,我们把教育目的的第一部分叫做兴趣的多方面性,但我们必须把兴趣的多方面性同过分强调多方面性,即许多事情都浅尝一下,区别开来。因为意愿的对象、意愿的各个方向都不比其他东西更使我们产生兴趣,所以为避免让弱点与优点并列起来起见,我们还得补充一个限制词:平衡的多方面兴趣。由此我们可以得到通常的一种表达:一切能力的和谐发展。与此相联就产生了这样的问题:心灵能力的多方面性意味着什么?而各种能力的和谐发展又意味着什么?

2. 教育者如何把握学生的必要的目的呢?

因为按照正确的认识,道德只有在个人的意志中才有它的地位,所以我们当然先应这样来理解:德育决不是要发展某种外表的行为模式,而是要在学生心灵中培养起明智及其适宜的意愿来。

这里我撇开了那种与培养上述意愿紧紧联系在一起的形而上学上的困难。谁懂得教育,谁就可以忘记这些困难,谁摆脱不了困难,谁就需要在学习教育学以前学习形而上学。各种推论的结果将为他指出,教育对他来说是不是一种能够实现的想法。

我观察人生,发现许多人,他们把道德看成是一种约束,很少有人把它看成是生活本身的原则。大多数人具有一种与善无关的性格,只有符合他意向的生活计划;他们只是偶然行善,而如果较好的行为可以使他们达到同一目标的话,他们便乐意避免做坏事。各种道德原则对他们来说都是些无聊的东西,因为他们觉得从这些原则中除了对思想过程处处产生约束以外得不到其他什么结果来;事实上有什么方式可以来对付这种约束的话,他们都是欢迎的。当一个少年顽童相当大胆地犯了错误时,他会得到他们的同情;他们会由衷地宽恕一切并非可笑、并非恶毒的过错。假如德育的任务就是使学生达到它所要求的水平的话,那么我们的工作就容易了,我们只要关心学生不受嘲笑,不受侮辱,使他自信地成长起来,并获得关于荣誉的某些原则,这些原则是学生容易接受的,因为这些原则讲的荣誉不是那种难以获得的东西,而是一种自然所赋予他的占有,这种占有只须按照通常方式在某些情况下加以保护而已,使它发生效力而已。但是,谁可以为我们担保,未来的成人不会自己去寻求善良,把善良作为自己意志要达到的对象,作为生活目标,作为自我批判的准绳呢?到那时,谁来保护我们,去回答因此而受到的严厉批评呢?这种批评比如:未来的人要我们说出,为什么我们在出现了培养善的机会时,却擅自放弃这种机会呢?这种机会也许可以带来真正能提高智慧的良机,而决不可能带来"教育业已完成"的幻想!这种例子是有的。假如无心把事管好,那么勉强为他人作管理者,这决不会顺利的。似乎没有一个人愿意当着一个具有严格道德观念的成人受到严厉的谴责,就像他不愿意谁无理地要求对他施加影响,使他有可能变坏一样。

名段之二:教学过程的四个阶段[①]

一、专心与审思

谁曾经热衷于人类艺术活动的某一种对象,谁便会知道什么叫做专心。因为有什么样的活动、什么样的知识是如此低劣;在教养道路上有什么样的收获是可以如此迅速地取得,以致不需要暂时放弃其他思想来专心研究它们!如同每幅图画需要它的光泽,如同鉴赏家要求观察者对每件艺术作品

---

① 该名段选自[德]赫尔巴特著,李其龙译的《普通教育学·教育学讲授纲要》,人民教育出版社 1989 年版,第 50—54、70—71 页。标题"教学过程的四个阶段"为编者所加。

都具备认真的态度一样，一切值得注意、值得思考、值得感受的事物都要求认真仔细，以便正确地、透彻地把握它，领会它。

个人可以正确地把握适合于他向往的事物，但是，他对此越有修养，他就越有可能以他习惯的态度来曲解其他每一件事物的印象。具有多方面兴趣的人应当不是这样的。他必须有许多专心致志的活动。他应当明晰地把握每一件事，全心全意地献身于每一件事，不应当将各种各样杂乱的痕迹刻划在他的心灵上，他的心灵应清晰地向许多方面伸展开去。

试问，这样如何能保障人格呢？

人格依赖于意识的统一，依赖于积聚，依赖于审思。各种专心活动是相互排斥的。正因为如此，它们也排斥那种必须借以使它们统一起来的审思。我们所要求的专心活动不能同时发生，它们必须逐个产生。首先是一种专心活动，接着再有另一种专心活动，然后它们才在审思中汇合起来！人必须有无数次这种从一种专心活动过渡到另一种专心活动去的变迁，然后才会有丰富的审思活动，才能随心所欲地返回到每一种专心活动中去，才可以称得上是多方面的。

但是，这取决于当各种专心活动汇合时产生什么结果。假如各种专心活动把某些矛盾的事物凑合在一起的话，那么就决没有可能产生纯粹的审思，因此也不可能有真正的多方面性。那就是说，这些活动或者根本不会一起到来，它们保持互相并存，而人的精力也因此被它们分散；或者它们相互磨擦，以疑惑与不可能实现的愿望折磨心灵，而能干的人也许将会看到，自己是否能克服这种病状。

即使这些活动不含有矛盾（这在现时文化中并不少见），但它们之间如何渗透，如何恰到好处地交融在一起，这却是有很大差异的。它们越完全地合而为一，一个人的收获则越多。当渗透较弱的时候，具有多方面性的人就将成为那种有时候被人并非善意地称为学者的人，这正如从各种缺乏审思的专心中产生出一种怪僻的技艺家一样。

这里我们不允许以多方面性的名义对审思的必要性作多余的说明。审思每一次是如何由这样那样的专心组成的,要预先了解这一点,也许是心理学的事情;而要预先感觉到这一点,乃是教育技巧的核心,教育艺术的最珍贵的法宝。

这里我们只能指出这些:在全神贯注的专心与广泛的审思的两个极端之间存在着意识的一般状态;人们只要愿意,可以把这种意识的一般状态一方面看作局部的专心,另一方面看作局部的审思,因为完满的多方面性是不可能达到的,因为人们不得不满足于某一种也许是丰富的但始终只是局部的审思,而无法达到最广泛的审思。所以可以提出这样的问题:如何来概括审思,应当优先强调其整体中的什么部分。假如答案并不立即呈现在我们眼前,那么可以说这整体中的部分就是个性,就是由某种机会所决定的个人的水平,这种水平使他产生初步的专心,并进而确定他进一步教养的起点——尽管不是中心点。对这种起点虽然不必太重视,但也不应忽视到使教育的给予同实际情况不容易一致起来的地步。教学从最近处出发为好,但也不必恐惧教学从那种在时间与空间上远离我们的内容出发。思维活动是迅速的,而只有那种由于许多间接概念或由于感觉的许多限制而被隔绝于思维之外的事物才是远离审思活动的。

二、清楚、联想、系统、方法

心灵总是处在运动中。这种运动有时很迅速,有时候几乎觉察不到。同时显现的所有表象在某一时期也许只有一小部分发生变化,其余是保持不变的,而就这不变的部分来看,心灵是静止的。心灵活动进展的方式本身还隐藏于神秘之中,虽然如此,这些初步探讨为我们提供了分段基础,我们将常常需要用这种分段基础来把上述一般观念纳入实用的范围之中。

各种专心活动是应当交替进行的,它们应当相互转化,并过渡到审思;而审思又可变为新的专心。但就其本身而言,每一种活动自身都是静止的。

静止的专心,只要是纯正而明确的话,是能够看清楚各个事物的。因为只有将一切在提示中会造成混乱的事物撇开;或者由教师考虑消除混乱,将这一切逐一地作为许多不同的专心活动的对象,这样,专心活动才会是明确的。

从一个专心活动进展到另一个专心活动,这就把各种表象联想起来了。想象徘徊在各种联想中间,品尝着每一种表象的混合体,只是舍弃无味的东西。但是,一旦所有表象能够互相融合在一起,整个部分就变得无味了。而假如各个事物清楚的对立面不阻止住这种融合的话,这种融合乃是可能的。

静止的审思可以看到许多事物的关系,它把每个个别事物看成是这种关系的一个成分,并处在恰当的位置上。一种丰富的审思活动产生的最好的次序叫做系统。但不清楚各个事物也就没有系统、没有次序、没有关系。因为关系不存在于混合体中,所以只存在于既分开而又重新联合的各部分之中。

审思活动进一步就是方法。方法贯串于系统之中,产生系统的新的成分。它在应用中注意着结果。许多人用这个词,但不知道它的实质。培养儿童掌握方法,这件困难的工作大体上可以留给教育者去做。在方法上控制自己的教育思想,这是必不可少的。假如眼前这本书没有使人感觉到这一点,那么它对于读者实在没有什么裨益了。

经验不断地在儿童心灵中造成混乱的堆砌。由于事物的来往变幻,许多经验渐渐使这种堆砌重新瓦解。但瓦解了的仍然是容易联想起来的。然而有许多工作期待着教育者去做;对于那些得不到智力帮助而虚度了许多岁月的儿童来说,教育者尤其会发现,自己得进行长期工作。这些儿童的心灵状态对激发他们转变的一切工作表现得十分迟钝。当每一种相似的事物在人的回忆中重新呈现整体——同类体时,人总是只能在新的事物中看到旧的。

有缺陷的联想通常存在于在学校学得的知识中。因为,或者在学习的内容中没有足够的力量使儿童产生想象,或者学习甚至于抑制了日常想象的运行,而智慧在各部分中停滞了。

没有人要求从经验中获得系统,公平地说也不要求从那些迄今与其说有其本身系统不如说只有某种提纲的科学中获得系统。但是,纵使一门科学的讲授在系统上是正确的,然而听众最初却只能获得一个序列,这个序列必然会长时间地在其联想中翻滚,然后他才能通过综合审思,感觉到被选出来的序列的优点。

因此,上述那种系统更不用希望得到正确应用了!对于大多数人来说,方法乃是一个玄妙的名字,他们的思想犹豫不决地徘徊在抽象与确定两者之间,追随着刺激而不是关系;他们把各种相似的事物联合起来,使事物与概念相一致,就像诗歌中的押韵那样。

......

总而言之,专心活动应当发生在审思活动之前。但是两者前后离开多远,这个问题一般来说仍然是不确定的。但可以肯定地说,必须使两者尽可能地相互接近,因为我们不希望达到专心而来损害那种通过审思获得的人格的统一性。长期不断的专心活动可能会造成一种紧张状态,这同健全的精神存在于健康的身体的原则是不相容的。因此,为了始终保持心灵的一贯性,我们首先为教学确定这样一条规则:在教学对象的每一个最小组合中给予专心活动与审思活动以同等的权利,也就是说,同等地关心并依次做到:对于每一个个别事物的清楚,对于许多事物的联想,对于联想的前后一贯次序以及在遵循这个次序前进中进行某种应用。要使所教的一切都能明白清楚就有赖于此。也许教师在这方面最大的困难就是找出真正的个别来,即他自己把他的思想分成若干成分。在这里,教科书可以为此作好部分准备。

假如教学用这种方式来处理对象的每个小的组合,那么许多组合会在学生心灵中产生,而每一个组合通过相当的专心为学生所掌握,直到所有的组合被联合到一种更高级的审思活动中去。但是,各个组合的联想是以每一个组合的完备的统一性为前提的。所以,只要每个组合的组成部分的最后的个别仍有离开其余部分的可能性,那么就不能设想有较高级的审思活动。但是,在较高级的审思活动之上还有更高级的审思活动,如此无限上升,一直到无所不包的最高级审思活动。然而,我们要通过各种系统中的某一系统来找寻这种最高级审思活动是达不到的。青少年在他们的早期必须放弃这样做的企图。青少年总是处在专心与分心的中间状态。早期教学不可能给予我们所谓较高意义上的系统,对此我们也许应感到满足;但是从另一方面说,教学越是要使每一组合更加清楚,我们越须勤奋和多样地使各组合联合起来,并且注意等量地从各方面向这无所不包的审思活动接近。

教学的环节就基于上述这一点。较大的构成部分是由较小的构成部分组成的,正如较小的是由最小的组成一样。在每一个最小的构成部分中都可区分出四个教学阶段,必须注意到:清楚、联想、排列与这种次序的进程。在最小构成部分中这些阶段是迅速地一个接着一个发生的,而在下一个较大的构成部分要由最小的构成部分组合起来时,这些阶段就较慢地一个接着一个出现了,因为审思阶段上升得越高,前后出现的时间距离就愈大。

假如我们回顾一下关于兴趣概念的分析,那么我们也会发现其中几个相区别的阶段:注意、期望、要求和行动。

三、赫尔巴特的教育思想[①]

德国教育家赫尔巴特,主知主义教育思想的代表人物。主要著作有《普通教育学》(1806)、《教育学讲授纲要》(1835)等。

---

① 参考网址:http://www.gwdwx.com/eis/callboard/comment.php? dataid = 3283&tabname=news_main.

（一）教育学的理论基础

赫尔巴特认为,教育学只有建立在科学理论基础之上才能成为一门科学。在他看来,实践哲学即伦理学和心理学应是教育学的基础,他说:"教育作为一种科学,是以实践哲学与心理学为基础的,前者指明目的,后者指明途径、手段以及对教育成就的阻碍。"(张焕庭主编:《西方资产阶级教育论著选》,第288页)

赫尔巴特的伦理学和心理学是与其哲学紧密相联的。在哲学上,他是一个客观唯心论者。他认为宇宙是由无数的独立存在的"实在"所构成。"实在"是永恒不变的,不可认识的。但它们之间会发生关系,并相互影响。这种相互之间发生的关系和影响,便构成宇宙间变化万千的各种事物,人们所认识的不过是"实在"相互作用和影响所产生的万事万物,而绝不是"实在"本身。因为,"实在"是不变的和不可认识的。

赫尔巴特以其哲学思想为依据,建立了他的心理学和伦理学体系。

1. 心理学

赫尔巴特认为,心理学是教育学的最重要的理论基础,是建立科学教育学的首要科学。赫尔巴特依据他的哲学思想,认为人的灵魂也是宇宙中无数"实在"的一种,它是脱离肉体而独立存在的,最初是一无所有的,当其和肉体结合时,必然和各种各样有组织的物质发生关系,开始获得感觉,进而形成表象或观念。赫尔巴特断定,观念是人的心理活动最基本的要素,是人的全部心理活动的基础,人的一切心理活动,都不过是观念的活动而已。在赫尔巴特看来,灵魂通过肉体接受许多感觉,进一步形成观念,这样,在人的意识中就聚集着无数的观念,其中一些观念由于力量较小而被抑制,沉降于"意识阈限"之下,而另一些观念由于力量较强,则浮于"意识阈限"之上,这些就是当时支配人的意识的观念。但各种观念并不是静止的,而是经常运动、斗争的。意识阈限下的某些被抑制的观念,由于各种原因,会穿过其他观念而呈现在意识阈限以上,而意识阈限以上的某些观念又会因力量减弱降至意识阈限下,同类观念互相增强则促进观念的呈现,异类观念相互削弱则阻碍观念的呈现。总之,观念的运动、矛盾决定着人的心理的全部内容。由此,赫尔巴特认定心理学是研究观念的科学,即研究观念的出现、结合、消失的科学。如,一些观念相互协调便产生愉快的情感,反之,相互抵触则产生不愉快的情感。某一观念的力量超出了另一观念,则为欲望或愿望。愿望和达到愿望的观念相结合,就是意志。记忆是各种观念的活动或游戏。回忆是被抑制的观念重新呈现于意识阈限之上。遗忘是观念被抑制到意识阈限以下。注意和思维是把许多观念集中于某一事物上面。观念的积极活动则产生兴趣。

综上所述,可见赫尔巴特把任何一种心理现象都归结为观念活动。因而他认为,教育必须不断扩大儿童的观念,而要扩大儿童观念主要通过教学传授知识。通过知识的传授,不仅可使儿童获得多方面知识,发展思维能力,而且可以增强感情,培养意志。

赫尔巴特认为,观念有同化作用,这就是说,人们心灵中已有的旧观念可以同化、吸收新的观念,使自己得到补充、丰富,并在原有的基础上形成新的观念。他把这个过程称为"统觉"。统觉在教学过程中具有重大意义,整个教学过程主要是统觉的过程。

赫尔巴特把复杂的心理过程完全归之于观念的活动过程,归结为观念的沉浮、聚散,这显然是错误的。它没有正确揭示人类心理现象的规律,因而,他的心理学还没有成为科学。但与此同时,我们也必须看到,赫尔巴特的观念和统觉心理学理论,较洛克具有教育理论上的意义。他深入地研究了人的意识内在活动,并力图揭示其规律性,要求把教学牢固地建立在心理学基础上,这对于促进教育心理学化运动,推动心理科学的研究以及教育心理学的产生和形成起了积极作用。另外,赫尔巴特的观念心理学虽已过时,但他所提出来的一系列心理学问题,诸如意识阈限、下意识、观念、统觉等等,直到今天仍然被现代心理学所广泛运用。赫尔巴特毕生从事心理学研究,并努力把教育学建立在心理学基础上,寻求教育教学规律,在教育学和心理学的发展史上都有着不可磨灭的功绩。

2. 伦理学

赫尔巴特把他的哲学思想应用到社会实际中去,提出了自己的伦理学体系。他重视人类的道德规范,强调培养道德观念,认为人们之所以趋善避恶,主要是由于确立了道德观念。赫尔巴特把如何处理人与人之间的关系,确定为五种道德观念,以此作为他的伦理学的基本原理。这五种道德观念为:

①"内心自由"的观念。要求个人的意见和行为摆脱外在的干扰,服从内心理性的判断,真正认识到个人行为的意义,使意见与行为协调一致,确定人的行为方向。

②"完善"的观念。当意见和行为之间发生矛盾且无法调和时,则依靠"完善"的观念加以解决,即用多方面理智能力加以协调,使行为完善起来。

③"善意"的观念。当"完善"的观念还不能解决意见与行为的矛盾,两者仍然无法协调时,就要用"善意"的观念,即"绝对的善"的观念去解决。这就是要求个人的意志与他人意志协调,能为别人谋利益,保持与人为善的态度,而不与任何人发生"恶意的冲突",从而维护安定的社会秩序。

④"正义"的观念。在现实生活中,人与人之间的冲突是经常发生的,这就要求用"正义"的观念予以调节,即要求安分守己,互不侵犯,遵守法律,从而巩固社会秩序。

⑤"报偿"的观念。假如上述各种观念仍然不能约束一个人的行为,他还发生破坏社会生活秩序的错误行为时,则用"报偿"的观念对损害社会生活的恶行,给以应受的惩罚,对好的行为予以褒赏,做到赏罚分明。

赫尔巴特的"五道念"理论,明显地反映了他力图维护当时地主阶级统治的德国社会秩序的愿望,体现了德国资产阶级的保守性和妥协性。

（二）教育理论方面

1．论教育目的

赫尔巴特依据其上述伦理学思想，论述了教育目的的问题。在他看来，教育目的可分为两部分，即"选择的目的与道德的目的"。选择的目的又称"可能的目的"，它是指培养和发展儿童多方面的能力和兴趣，以便其将来选择职业。赫尔巴特认为，培养和发展儿童多方面能力和兴趣，是人类社会发展的需要。因为人类社会分工越来越细，社会生活也越来越多方面，"每一个人须爱一切的活动而专精于一种"（张焕庭主编：《西方资产阶级教育论著选》，第 262—263,250 页）。教育必须使学生做多方面的努力，培养多方面兴趣，取得各种能力的和谐发展，为将来选择职业做好准备。不仅如此，它与道德的目的也有密切联系，人的多方面兴趣和能力，可使人对道德行为的选择范围更加广泛，对道德判断更富于灵活性、更加准确和有力，从而有助于培养完善的道德品质。

赫尔巴特认为，选择的目的固属重要，但仅居次位，最重要的是道德的目的（又称必要的目的）。所谓道德的目的，就是培养五种道德观念，使之具备完美的道德品质。在他看来，这个目的最为必要，因为无论你将来从事何种职业，干什么工作，都必须具有"明辨的识见以及与它一起的相应的意志力"（张焕庭主编：《西方资产阶级教育论著选》，第 262—263,250 页），这样，才能够"把所有任意的冲动推回去"（张焕庭主编：《西方资产阶级教育论著选》，第 262—263,250 页），维持现存的社会制度。所以，道德的目的是教育的最必要、最高的目的。赫尔巴特说："教育的唯一工作和全部工作可以总结在道德这一概念之中，道德普遍地被认为是人类的最高目的，因此，也是教育的最高目的。"（张焕庭主编：《西方资产阶级教育论著选》，第 262—263,250 页）

赫尔巴特把培养善良的道德品质作为教育的最高目的，实际上是把培养安分守己、服从法律、维护当时德国封建秩序的忠顺臣民放在首位，这反映了赫尔巴特思想中保守的一面。然而,他把发展多方面兴趣和能力作为教育的直接目的,为儿童将来适应日益细致的社会分工做好准备,这无疑又是进步的,反映了德国新兴资产阶级的要求。

为完成教育目的,赫尔巴特提出了一个完整的教育过程,即儿童管理、教学和道德训练。

2. 论儿童管理

赫尔巴特重视儿童管理,视其为顺利开展教育教学的重要条件。他认为,"只教不管",会使教育工作变成徒劳;相反的,如果只管不教,则会导致对"心智的压迫"。在赫尔巴特看来,管理是教育上的一根缰绳,教师必须"坚强而温和"地抓住它。

赫尔巴特之所以重视管理,主要是因为他认为儿童有一种"不驯服的烈性",它是不守秩序的根源,既会扰乱教育者的教育、教学计划,也会"把儿童的未来人格置于许多危险之中"(张焕庭主编:《西方资产阶级教育论著选》,第257—259页),甚至走向"反社会的方向"。因而,必须自幼加以管理,使之在儿童时期就能够克服他的烈性,"造成一种守秩序的精神。"(张焕庭主编:《西方资产阶级教育论著选》,第257—259页)

管理儿童的方法,主要有下列几种:

①惩罚的威胁。赫尔巴特说:"一切管理制度首先采取的是惩罚的威胁。"(张焕庭主编:《西方资产阶级教育论著选》,第257—259页)所谓"惩罚的威胁",就是事先警告儿童,不守纪律必受惩罚,强迫他们就范。但这种方法可能导致两种危险:首先是一些本性顽强的儿童蔑视一切威胁,仍然为所欲为,使威胁不发生效用;其次是数目更多的本性软弱的儿童承受不起威胁,也会产生不良后果。

②监督。监督是不可缺少的方法,可是必须运用得当,否则必然造成极大的危害。赫尔巴特说:"拘于细节与经常的监督,对于监督者与被监督者均同样是一种负担,因此双方面易于以欺骗相结合。"(张焕庭主编:《西方

资产阶级教育论著选》,第257—259页)同时,在经常监督的压力下成长的人们必然缺乏创造的能力、果断的精神、自信的行为和多才多艺。

③命令和禁止。这要与威胁、监督配合运用。无论命令或者禁止都应明确、具体,发出之后即不再收回,要求儿童绝对服从。

④惩罚。在实践中违反禁止和命令的事情是难以避免的,这时则采用惩罚。如剥夺自由、禁止用餐、关禁闭、打手板、使用惩罚簿等。

⑤做功课或进行活动。赫尔巴特说:"无论如何儿童一定要有事做;懒散会导致做坏事与不受约束。"(张焕庭主编:《西方资产阶级教育论著选》,第193、260页)他认为,功课是最好的管理方法。此外,手工劳动、野外活动也可使儿童不再去做无谓的事情。

⑥权威和爱。赫尔巴特重视权威的作用。他说:"人心屈服于权威;权威能拘束心的出乎常轨的活动,因此在压制一种倾向于邪恶的、正在成长的意志,权威可以有很大用处。"(张焕庭主编:《西方资产阶级教育论著选》,第193、260页)

爱可以减轻管理工作,有着教育意义。因此教师应当以慈爱对待儿童,使师生之间的情感和谐起来。

赫尔巴特为了克服存在于儿童身上"不驯服的烈性"和"盲目冲动的种子",为了防止儿童的意志倒向"反社会的方向",提出了一整套管理儿童的方法,以培养维护德国当时社会秩序的人,这显然是保守的。然而,他对某些问题的分析,如威胁和监督可能产生的弊端及其危害的深刻分析,对于我们研究管理和教育方法仍有启发意义。

3. 教学

在赫尔巴特的整个教育体系中,教学是中心。他对教学问题进行了深入研究,提出了系统的理论,对后世产生了极大影响。

(1)多方面兴趣和课程设置

赫尔巴特重视多方面兴趣,视之为教学的"较近的目的",是达到教学的最高目的的基础,是培养德行不可缺少的步骤。他说:"教学的最高的、最后目的包含在这一概念之中——德行。但是特别放在教学面前的较近的目的,可以表达为——多方面的兴趣,较近的目的是为了达到最后的目的。"(张焕庭主编:《西方资产阶级教育论著选》,第 294、296、262 页)

何谓多方面兴趣?所谓多方面兴趣,就是观念的广泛的大规模的活动。赫尔巴特说:"兴趣意味着自我活动。兴趣是多方面的,因此,要求多方面的活动。"(张焕庭主编:《西方资产阶级教育论著选》,第 294、296、262 页)在赫尔巴特看来,通过教学把学生意识中的观念广泛地激发起来,构成广阔的思想范围,可以影响情感和意志,形成完美的道德性格。他说:"多方面兴趣——道德性格的力量"。(张焕庭主编:《西方资产阶级教育论著选》,第 294、296、262 页)所以,赫尔巴特特别强调教师应培养学生多方面的兴趣。

多方面兴趣的形成,有赖于认识多方面的事物,掌握多方面知识。为此,赫尔巴特主张设置多种课程,通过各门学科激发学生多方面的兴趣。

赫尔巴特分兴趣为六种,两大类,并根据六种兴趣设置了相适应的学科。

①经验的兴趣:是通过对外界事物的观察,由感觉而得来的以经验为基础的兴趣,与之相适应设自然(博物)、物理、化学、地理等科目。

②思辨的兴趣:是通过思考探索事物间的关系、规律的兴趣,与之相适应的学科为数学、逻辑学、文法等。

③审美的兴趣:评价、判断自然、艺术和行为美丑的兴趣,与之相适应有文学、绘画、音乐等学科。

④同情的兴趣:在与一定范围的人接触中,愿与人共享苦乐的兴趣,通过本国语、外国语(古典语和现代语)等学科来培养。

⑤社会的兴趣:愿与较广泛的人接触,关心社会和国家幸福的兴趣,与之相适应的学科为历史、政治、法律等。

⑥宗教的兴趣：重视和亲近神的兴趣，与之相适应的学科是神学。

赫尔巴特把上述六种兴趣分为两类，前三种归为一类，称自然的或认识的兴趣，后三种归为一类，称历史的或同情的兴趣。他认为，各种兴趣是相互作用的而不是孤立的，这就是说，某一学科虽归属于某一特定的兴趣，但对其他几种兴趣同时也产生影响。各门学科所提供的范围广泛的观念，通过统觉在儿童心灵中组成统一体，形成多方面的、匀称的、和谐的、完美的性格。赫尔巴特还认为，学校类型多样化，也能激起多方面兴趣，因而他主张除多设古典中学外，还应设置城市学校和初等学校。不同类型的学校可以满足不同类型学生的要求。

赫尔巴特适应德国逐步发展起来的资本主义生产和日益繁杂的社会生活的需要，拟订了一个内容广泛的课程体系，它既包括自然科学，又包括社会科学，门类多样，安排系统，为现代普通中学的课程设置奠定了基础，在教育史上具有巨大的积极意义。

（2）教学的形式阶段

赫尔巴特认为，教学是激发兴趣、形成观念、传授知识、培养性格的过程，实际上就是塑造儿童心灵的过程。他把教师比作"建筑师"或"园艺师"，主张教师应通过一种"艺术"——教学程序，有计划、有步骤地来建造儿童的心灵。赫尔巴特一生以大部分精力探求符合儿童心理规律的教学程序，他依据其假设的观念及统觉的心理学理论，研究了教师向学生传授新知识、形成观念体系的具体进程和方法，提出了教学"形式阶段"的理论。

赫尔巴特的教学形式阶段是以其多方面兴趣理论为基础的。他把多方面兴趣比作一个多面体，认为它保存在意识中，能使新出现的事物或观念自动地面向某一方面。在任何的情况下，它都能产生"专心的活动"，即集中于某一种主题或对象而排斥其他的思想活动，随之又能进行"审思的活动"，即应用各种有关知识去探究某种主题或对象。这两种活动在心理的静态和动态下都可能实现。所以，学生意识中具备了这样一种内部力量，他便能够在每一瞬间很好地吸收新知识,形成新观念。特别是每当出现新教材,学生遇上困难时,多方面兴趣则更为明显地表现为克服这些困难所必要的心理动力。

在吸收新知识、形成新观念的过程中,都有与之相适应的兴趣。开始,"兴趣是在注意中展开的",随后,"荡漾于期望之中"(张焕庭主编:《西方资产阶级教育论著选》,第 266、296、298 页),然后再进入探索新事物本质阶段,最后表现为实际应用新观念的行为。赫尔巴特认为,教学过程就是学生兴趣的产生和发展的过程,与兴趣的产生和发展过程相适应,他提出了教学的四个阶段,即明了、联想、系统、方法。

第一阶段:明了(清楚)。这个阶段主要是让学生清楚、明了地感知新教材,儿童的心理处于静态的专心活动中,兴趣为注意阶段。方法则采用叙述教学(讲述法),教师通过实物的观察、图片的演示、简练而清晰的讲述,提示新教材,让学生在保持集中注意力的状态中观察、感知、分析每一个单一的感知对象,获得明晰的观念。赫尔巴特十分重视叙述教学的简练性。他说:"开始时特殊点的清楚是主要的,所以简短的语句是最适宜的"(张焕庭主编:《西方资产阶级教育论著选》,第 266、296、298 页),但更为重要的则为直观,他说:"真正感觉的观察比之单纯的描述更为可取。"(张焕庭主编:《西方资产阶级教育论著选》,第 266、296、298 页)

第二阶段:联想(联合)。这个阶段主要是把新获得的观念与旧有的观念联系起来,形成新的观念。这时儿童的心理处于动态的专心活动中,兴趣为期待阶段。方法则采用分析法,教师在学生已有知识基础上,与学生进行无拘束的谈话,唤起已有的观念,使之与新观念建立联系。

第三阶段:系统。在教师指导下学生对已获得的知识进行综合、归纳、概括、做出结论,使之概念化、系统化,并纳入原有的知识系列,以形成组织严密的、更加完整的知识体系,儿童的心理处于静态的审思活动,兴趣则处于探求阶段,教学上采用综合法。

第四阶段：方法。学生通过独立作业，或按教师的指示进行改正作业等练习，把系统化了的知识应用到"个别情况"中去，运用到实际中去。这时在心理上已进入动态的审思活动，兴趣正处于行动阶段，教学上采用练习法。

赫尔巴特的教学形式阶段，是要求依次做到："对于每一'特殊'的明确清楚，对于许多'特殊'的联合，对于已联合的首尾一贯的次序，以及贯串于这个次序中进行的某种应用"（张焕庭主编：《西方资产阶级教育论著选》，第270页）。他认为，这是教学新教材、传授新知识应当遵循的心理顺序，不论教学的内容如何，不管学生年龄的大小和年级的高低，都必须一个阶段接着一个阶段地进行。

赫尔巴特的教学阶段，显然存在着缺点，它过于机械，流于形式，理论基础也不是科学的。但它较为细致地考虑学生的学习心理状态，对不同教学阶段提出不同的教学方法，这在一定程度上反映了教学新知识的规律。

赫尔巴特的教学阶段，为他的追随者齐勒尔（1817—1882）所发展，变成了五段。齐勒尔把原来的第一个阶段分成两步，成为预备、呈现、联系、统合、应用五个阶段，在教育史上称为"五段教学法"。五段教学法在19世纪下半叶曾广泛流行于世界各国中小学，影响极为深远。

（3）教育性教学

赫尔巴特根据其心理学理论，确认教学是形成道德观念、培养道德品质的最基本的手段，因此，在西方教育史上，他第一个明确地提出"教育性教学"的概念。他所说的"教育性教学"，就是说任何教学都必须具有教育性，教育不能离开教学。赫尔巴特写道："我想不到有任何'无教学的教育'，正如在相反方面，我不承认有任何'无教育的教学'。"（张焕庭主编：《西方资产阶级教育论著选》，第257页）又说："教学如果没有进行道德教育，只是一种没有目的的手段；相反，道德教育（或者品格教育）如果没有教学，就是一种失去了手段的目的。"（转引自曹孚主编：《外国教育史》，人民教育出版社1979年版，第177页）

　　赫尔巴特强调道德教育要建立在知识教育基础之上,把教学作为道德教育的最主要的手段。与此同时,又指出,教学必须有明确的目的,形成道德观念,培养完善的品格,则是其最高目的。这样把教育与教学两者辩证地统一起来,表明赫尔巴特对寓教育于教学之中这条规律已经有了认识,并且进行了明确的论述,在教育发展史上做出了巨大贡献。教育性教学的基本思想,已为现代教育学所承认,并得到进一步发展。

4. 道德训练

　　赫尔巴特认为,训练是培养道德品质不可缺少的过程,因而置其于教育学体系的第三部分。依据赫尔巴特的看法,训练与管理和教学既有联系又有区别。管理是造成学生遵守秩序的精神,能保证教育教学的顺利进行。教学是通过提供观念塑造儿童的心灵,培养道德观念,而训练则直接在儿童情感上发生作用。管理与训练都有助于教学,使教学成为可能,但前者是一种外部手段,而后者则能促进儿童感情发生变化,有助于性格的发展。训练与教学目的相同,但教学重在道德观念的培养,而训练则能使道德愿望变为行动,它的道德力量更加持久、顽强和坚定。实施训练应贯穿于整个教育、教学以及儿童日常生活中,培养儿童善良的感情和道德行为习惯。道德训练的方法与儿童管理和教学有相似之处,但又有其特点。具体有:

　　①陶冶。所谓陶冶,即逐渐地对儿童的心灵和感情施加影响,而不是采取压制手段。赫尔巴特说:"当训练与管理使用同样的方法,我们须注意不要使两者混淆,在使用的形态上还有更精细的区别。"(张焕庭主编:《西方资产阶级教育论著选》,第285—287页)比如,"当管理一度求助于压制的手段,它是要使人感觉到这是一种力量",(张焕庭主编:《西方资产阶级教育论著选》,第285—287页)"使用时教育者须冷静、简明、无感情,事件过了之后好像忘记了似的"。(张焕庭主编:《西方资产阶级教育论著选》,第285—287页)但是,"训练的调子完全不同——不是短促而又尖锐的,而是继续不断的、坚持的、慢慢渗透的并且是逐渐停止的。因为训练被感觉到是一种陶

冶的原则"。(张焕庭主编:《西方资产阶级教育论著选》,第 285—287 页)

②赞许和谴责。当儿童遵守行为规则时,教育者给予他应得的赞许,使之产生快乐的情感。赫尔巴特认为,这是"训练的优美艺术",应多加运用。相反,当儿童不听训话时,则要进行谴责。这"是一种不愉快的艺术",但它常常是不可缺少的,只是在运用这种"艺术"时,"自始至终"需用"温和的感情""耐心的嘱咐""宽宥的态度""避免傲慢严厉"。(张焕庭主编:《西方资产阶级教育论著选》,第 285—287 页)

③保持"健康"。良好的健康状况,能使训练产生充分的效果,而在"健康不良的情形下,就不能有什么训练效果"。(张焕庭主编:《西方资产阶级教育论著选》,第 285—287 页)健康生活是进行完善训练的基础。

文档

此外,教师的人格对训练也具有重大意义。赫尔巴特要求教师在实施训练时,要态度冷静,循循善诱,活跃气氛,从而影响学生形成善良的性格。

训练是赫尔巴特实现其教育目的不可缺少的手段,他希望通过训练来培养学生所谓友善他人的感情,自我克制的意志,遵守并服从既定法制的道德行为,以维护德国现存的社会秩序。由此可见,赫尔巴特的道德训练也是为其保守的政治立场服务的。

【讨论与研究】

1. 简述赫尔巴特的教学思想。

2. 赫尔巴特的《普通教育学》与夸美纽斯的《大教学论》的标志性意义有何不同?

测试与答案

杜威与《民主主义与教育》

一、杜威生平[①]

约翰·杜威（John Dewey，1859—1952），美国哲学和教育哲学的代表人物，实用主义哲学和进步主义教育哲学的主要创始人。他是一位致力于民本主义教育思想的实践者。他的思想，不仅形成了美国继实用主义之后而起的实验主义哲学体系，而且也间接影响到进步主义教育的实施与理论。

杜威生于佛蒙特州柏灵顿市附近农村零售商家庭里。幼年和少年时代，他是一个偏僻乡村里的平凡而羞怯的孩子。他2岁时美国爆发了南北战争，其

---

① 参考刘新科、栗洪武主编的《中外教育名著选读》，中国人民大学出版社 2008 年版，第453—454 页。

父应征入伍，加入了林肯总统的志愿兵。因家庭没有固定住所，他快满8岁时才上小学。南北战争结束后，他度过青年时代的新开发的中部地区，开始修建铁路和工厂，建设城市。年轻的杜威在那里目睹了开拓者的积极生活，这对他经验主义、实用主义哲学思想的形成，产生了很大的影响。此外，1859年出版的达尔文《物种起源》的进化论也深刻影响了他的思想。

1875年至1879年，就学于本州的佛蒙特大学。1879至1881年，杜威在南方石油城一所中学里当拉丁语、代数、自然科学教师。1881年至1882年，在本州一所乡村学校执教，这时期跟着佛蒙特大学教授托莱研究哲学史。1882年，在哈利斯主编的《思辨哲学杂志》上发表了一篇论文，题为《唯物主义形而上学的假说》。1882年，入霍金斯大学攻读学位。1884年，以《康德心理学》获得博士学位。1884至1888年，任密执安大学哲学讲师和助理教授。1888至1889年，担任明尼苏达大学哲学教授。1889至1894年，被聘到密执安大学担任哲学系主任，研究新黑格尔主义和实验生活心理学。1894年，杜威跟他妻子创立了实验小学，后因归并的问题辞职离去。1894至1904年，到芝加哥大学任哲学系、心理系和教育系主任，这期间他抛弃了黑格尔主义，转而接受工具主义。

1896年，他创立一所实验中学作为他进步教育思想的实验基地，并任该校校长。他的教育理论反对传统的灌输和机械训练的教育方法，主张从实践中学习，提出了教育即生活、学校即社会的口号。1899至1900年，任美国心理学研究会会长。1904年，哥伦比亚大学聘他为哲学教授，直至1930年退休。1905至1906年，任美国哲学学会会长。1915年，任美国进步教育协会名誉会长。1938年，被选为美国哲学协会终身名誉主席。1952年因肺炎去世。

　　杜威在一生中,曾到日本、苏联、中国①、墨西哥、土耳其等很多国家进行过讲学和访问,并留下很多著作。据统计,共有专著 44 种,论文 815 篇,传播于几十个国家。其中有关教育学的主要著作有《我的教育信条》(1897)、《学校与社会》(1899)、《儿童与课程》(1902)、《逻辑理论研究》(1903)、《教育上的道德原理》(1909)、《教育上的兴趣和努力》(1913)、《学校与社会·明日之学校》(与他女儿合著,1915)、《民主主义与教育》(1916)、《进步教育与教育科学》(1928)、《教育科学的资源》(1929)、《我们怎样思维》(修订本,1933)、《我们怎样思维·经验与教育》(1938)、《人的问题》(1946)等。

　　杜威的教育思想②兼有儿童中心和社会改造思想,这与其经验主义、民主主义哲学思想是相适应的。杜威的教育思想作为当时进步教育运动(资本主义改良主义)的一种产物和对传统教育思想的一种批判,对当时美国新教育体制的产生与建立做出了突出贡献。

二、《民主主义与教育》简赏

(一)《民主主义与教育》的结构与内容③

　　《民主主义与教育》(*Democracy and Education*,1916)一书的副标题为"教育哲学导论"。该书的指导思想是把民主主义与科学上的实验方法、生物学上的进化观念和工业化的改造相互联系起来,并探讨它们在教育中的意义。全书除"序"外,共 26 章,大致可以分为四个部分。

---

　　① 从 1919 年 6 月 8 日开始,杜威曾先后在北京、南京、杭州、上海、广州等地讲学,由胡适先生等人担任讲学的翻译,把民主与科学的思想直接播种在中国,并促进了实用主义在中国的传播。杜威在中国的滞留时间是从 1919 年 5 月到 1921 年 7 月,总共为两年又两个月。

　　② 杜威教育思想的基础与核心,是他关于教育本质的阐述:教育即生活、教育即生长、教育即经验的改组或改造。

　　③ 参考毕诚主编的《中外教育名著评价(第二卷)》,山东教育出版社 1992 年版,第 998—999 页,单中惠、朱镜人主编的《外国教育经典解读》,上海教育出版社 2004 年版,第 230—231 页。

第一部分 教育性质

具体包括：第一章,教育是生活的需要;第二章,教育是社会的职能;第三章,教育即指导;第四章,教育即生长;第五章,预备、展开和形式教育;第六章,保守的教育和进步的教育。

在这一部分中,杜威主要论述了四个问题:(1)教育与生活。杜威从最广泛的意义上论述了教育与生活的关系,指出教育乃是社会生活延续的工具,强调教育是生活绝对所必需的。教育可以分成两种:一种是非正式的教育,即与他人共同生活而获得的教育;另一种是正式教育,即专门为青少年特别准备的教育。(2)教育与环境。杜威论述了教育与环境的关系以及环境的作用,指出离开环境就没有教育,强调学校是一种为了更好地影响儿童智力和道德倾向的典型的特殊环境。环境可以分成两种:一种是自然环境,包括气候、山川、物产等;另一种是社会环境,即人类的环境。(3)教育即生长。杜威提出了"教育即生长"的观点,强调教育就是不问儿童年龄大小而提供保证生长或充分生活条件的事业。对于教育者来说,关键在于提供适当的环境以及适当的新刺激,使儿童的各种能力不断发展。(4)对一些教育观念和理论的批判。从批判一些旧的教育观念和理论出发,杜威陈述了他自己的教育定义:"教育就是经验的改造或改组。这种改造或改组,既能增加经验的意义,又能提高指导后来经验过程的能力。"

第二部分 教育过程

具体包括:第七章,教育中的民主概念;第八章,教育的目的;第九章,自然发展和社会效率作为教育目的;第十章,兴趣和训练;第十一章,经验与思维;第十二章,教育中的思维;第十三章,方法的性质;第十四章,教材的性质;第十五章,课程中的游戏和工作;第十六章,地理和历史的重要性;第十七章,课程中的科学。

在这一部分中,杜威主要论述了五个问题:(1)教育与民主主义。杜威强调民主主义的教育理想应该能够支配公共教育制度,要求对传统的文化理想、传统的课程以及传统的教学方法进行必要的改革。（2）教育的目的。杜威指出,在探索教育目的时,不要到教育过程以外去寻找一个目的,并使教育服从于这个目的。（3）兴趣与训练。杜威指出,兴趣在教育上是十分重要的,因为它是学习的原动力;训练是与意志和努力密切联系的,既包括外部的机械训练,又包括内部的智能训练。（4）思维与教学。杜威强调在学校中培养儿童优良的思维习惯和思维能力的重要性,并提出了"思维五步"以及与之相关的"教学五步"。（5）课程与教材。杜威指出,在选择和确立课程教材时,既要考虑到儿童的需要和能力,又要考虑到社会生活的需要,还要考虑到课程教材的历程与儿童经验发展的历程相适应性,因此,他把主动的作业放在课程的首位,并主张"从做中学"。

第三部分　教育价值

具体包括:第十八章,教育的价值;第十九章,劳动和闲暇;第二十章,知识科目和实用科目;第二十一章,自然科目和社会科目:自然主义和人文主义;第二十二章,个人和世界;第二十三章,教育和职业。

在这一部分中,杜威主要论述了两个问题:（1）教育价值观。教育的价值就是它所要达到的目的,即教育在社会生活中的实际应用。因此,应该从"内在价值"(即"直接的价值")和"工具价值"(即"间接的价值")这两个标准来衡量学科价值。其理论要点是如何使经验保持它的统一性或完整性。（2）对教育价值问题上各种二元论的批判。杜威指出,教育价值问题上的二元论表现为劳动与闲暇、知与行、自然与人、个人与世界、职业与文化等,强调把两者结合起来。

第四部分　教育哲学

具体包括:第二十四章,教育哲学;第二十五章,认识论;第二十六章,道德论。

在这一部分中,杜威主要论述了两个问题:（1）哲学与教育。杜威论述了哲学与教育的关系,提出"哲学是教育的最一般方面的理论""教育乃是使哲学上的分歧具体化并受到检验的实验室"。因此,他强调哲学、教育的社会理想与方法的改造是携手并进的。(2)知识与道德。在知识论上,杜威反对知识和活动的二元论,强调知识和活动两者是联系的;在道德论上,杜威反对内在意识和外在行为的二元论,强调道德意识和道德行为两者是统一的。

(二)《民主主义与教育》的中国版本

《民主主义与教育》有20多种译文。中译本《民本主义与教育》,1928年由商务印书馆印行,邹恩润①译述,陶行知(1891—1946)校订,1947年和1949年再版,全书共424页。1989年5月,五南图书出版公司(中国台湾)印行了高雄师范学院教育系林宝山翻译的《民本主义与教育》。1990年10月,由人民教育出版社根据纽约麦克米兰社1937年版翻译出版,译者王承绪②,全书共399页,30余万字。

杜威的代表作《民主主义与教育》系统而全面地阐述了他在芝加哥大学初等学校③实验以及当时教育改革理论研讨中基本形成的教育思想。该书被誉为教育的经典著作,进步教育理论的总纲。

---

① 邹恩润(1895—1944),笔名韬奋,江西省余江县人。1922年他在黄炎培等创办的中华职业教育社任编辑部主任,开始从事教育和编辑工作。1926年接任《生活》周刊主编,以犀利之笔,力主正义舆论,抨击黑暗势力。2009年9月14日,被评为100位为新中国成立做出突出贡献的英雄模范之一。

② 王承绪(1912—2013),江苏省江阴市人,中国比较教育学创始人之一,教育家、浙江大学教授、比较教育专业博士生导师。他精通英语、法语、德语、俄语等多国语言。2003年,王承绪荣获联合国教科文组织"亚太地区教育革新终身成就奖",成为全球唯一获此殊荣的教育专家。

③ 芝加哥"大学初等学校"(University Primary School)是杜威于1896年在芝加哥大学创设的实验学校,俗称"杜威学校",也称芝加哥大学实验学校(Chicago University Laboratory School),前后共办了八年(1896—1904)。实验目的在于通过大学来制定出从幼儿园到大学完整的学校制度,以检验和应用杜威的哲学思想及由此派生的教育理论。芝加哥大学许多研究人员和教育系的大部分师生参与了这个实验。

（三）《民主主义与教育》的简要书评①

在《民主主义与教育》一书中杜威充分阐发了教育超经济、超政治,教育即生活（Education is Life）、学校即社会（School is Society）,"从做中学"（Learning by Doing）,"儿童中心主义"等一系列思想和主张。他的教育思想对当时美国教育体制的产生和确立起到了指导作用。美国教育家克雷明（L.A.Cremin,1925—1990）在《学校的变革》一书中对该书作了充分肯定,称它是"自卢梭《爱弥儿》问世以来对教育学所做的最显著的贡献"。

《民主主义与教育》一书作为一部阐述教育理论的经典著作,对美国乃至世界的实用主义教育发展产生了重要影响。当时的美国社会矛盾复杂,该书试图重新规定美国传统的民主主义思想与教育的关系,恢复民主,为新的实用主义的教育体制勾勒新的前景。在此后的很长一段时间里,美国社会实用主义教育思想盛行。但杜威的实用主义忽视了教育与生活、学校与社会、教育与自然成长之间的重要区别,尤其忽视了制定教育目的对教育的重要作用。所以,它不能很好地使教育为美国摆脱战后危机和促进战后科技迅速发展服务。

（四）《民主主义与教育》的名段品读

名段之一：教育即生长②

一、生长的条件

社会在指导青少年活动的过程中决定青少年的未来,也因而决定社会自己的未来。由于特定时代的青少年在今后某一时间将组成那个时代的社会,所以,那个时代社会的性质,基本上将取决于前一时代给予儿童活动的

---

①　乔建中主编：《中外教育经典名著速读》,南京师范大学出版社 2004 年版,第 117 页。

②　该名段节选自［美］约翰·杜威著,王承绪译的《民主主义与教育》,人民教育出版社 1990 年版,第四章"教育即生长",第 45—57 页。

指导。这个朝着后来结果的行动的累积运动,就是生长的涵义。

生长的首要条件是未成熟状态。我们说一个人只能在他未发展的某一点上发展,这似乎是自明之理。但是,未成熟状态这词的前缀"未"却有某种积极的意义,不仅仅是一无所有或缺乏的意思。值得注意的是"能量"(capacity)和"潜力"(potentiality),这两个名词都有双重意义,一个意义是消极的,另一个是积极的。能量可以仅指接纳性,如一夸脱的能量。我们可以把潜力仅仅理解为蛰伏或休眠的状态——在外部影响下变成某种不同的东西的能力。但是,我们也可以把能量理解为一种能力;把潜力理解为势力。我们说未成熟状态就是有生长的可能性。这句话的意思,并不是指现在没有能力,到了后来才会有;我们表示现在就有一种确实存在的势力——即发展的能力。

我们往往把未成熟状态只是当作缺乏,把生长当作填补未成熟的人和成熟的人之间的空缺的东西,这种倾向是由于用比较的观点看待儿童期,而不是用内在的观点看待儿童期。我们所以仅仅把儿童期当作匮乏,是因为我们用成年期作为一个固定的标准来衡量儿童期。这样就把注意力集中在儿童现在所没有的、他成人以前所不会有的东西上。这种比较的观点,要是为了某种目的也是够合法的,但是,如果我们把这种观点看作不可变更的道理,那就产生一个问题,就是我们是否傲慢武断。如果儿童能清晰地和忠实地表达自己的意见,他们所说的话将与此不同。我们有非常可靠的成人凭据,使我们相信,在某种道德的和理智的方面,成人必须变成幼小儿童才对。

当我们考虑到提出一个静止的目的作为理想和标准时,这个关于未成熟状态的可能性的消极性质的假设,其严重性是明显的。他们把不断地成长理解为已完成的生长,就是说停止生长(ungrowth),即不再继续成长。这个假设毫无价值,从这样的事实可以明白,每一个成人,如果有人诋毁他没有进一步生长的可能性,他就要怨恨;只要他发现自己没有进一步生长的可能性,他就要悲痛,把这件事视为丧失的证据,而不把已往的成就作为力量的适当表现。为什么对儿童和成人采用不平等的标准呢？

我们如果不用比较的观点,而用绝对的观点来看,未成熟状态就是指一种积极的势力或能力——向前生长的力量。我们不必像有些教育学说那样,从儿童那里抽出或引出种种积极的活动。哪里有生活,哪里就已经有热切的和激动的活动。生长并不是从外面加到活动的东西,而是活动自己做的东西。未成熟状态的可能性的积极的和建设的方面,是理解未成熟状态的两个主要特征即依赖和可塑性的关键。(1)把依赖说成某种积极的东西,听来未免可笑,把依赖说成一种力量,更加荒谬。但是,如果依赖完全是无依无靠的性质,那么发展永远不会发生。一个仅仅是软弱无能的人,永远要别人提携。依赖伴随着能力的成长,而不是越来越陷入寄生状态,这个事实表明依赖已是某种建设性的东西。仅仅寄人篱下不会促进生长。(2)因为寄人篱下不过是筑墙于软弱无能的周围。对物质世界来说,儿童是无依无靠的。在他诞生的时候和以后长时间内,缺乏行走和维持自己生命的能力。如果他必须自己谋生,那就连一小时都难以生存。在这方面,儿童几乎是全盘无依无靠。幼兽也要比他强得多。他的身体是虚弱的,不能运用他所有的体力去应付物质的环境。

1. 但是,这种彻底的无依无靠性质,暗示着具有某种补偿的力量。……有人说,儿童在进入青年期以前是利己主义的和自我中心的,这句话即使是正确的,也和我们上面所说的话没有矛盾。这不过表明儿童的社会反应能力是用来增加他们自己的利益,并不是表明儿童没有这种社会反应能力。但是,这句话事实上并不正确。……所谓儿童天生的利己主义的剩余部分,大部分都不过是违反成人的利己主义的利己主义。成人过分专心于他自己的事务而对儿童的事务没有兴趣。在他看起来,儿童无疑似乎过分专心于他们自己的事务。

……

2. 未成熟的人为生长而有的特殊适应能力,构成他的可塑性。这种可塑性完全不同于油灰或蜡的可塑性。它并不是因受外来压力就改变形式的一种能力。这种可塑性和柔韧的弹性相近,有些人通过弹性作用于他们周围的环境并保持他们自己的倾向。但是,可塑性比弹性更加深刻,它主要是从经验中学习的能力;从经验中保持可以用来对付以后情境中的困难的力量。这就是说,可塑性乃是以从前经验的结果为基础,改变自己行为的力量,就是发展各种倾向的力量。没有这种力量,获得习惯是不可能的。

高等动物的崽仔,特别是人类的幼儿,必须学会利用它们的本能反应,这是大家熟悉的事实。人类生来比其他动物具有更多的本能倾向。……我们学习一种动作,不是按现成动作去做,必须学会变化动作的因素,根据不同情况做出种种因素的联合。人类学习一种动作,能够发展许多方法,应用到其他情境,从而开辟继续前进的可能性。更重要的是,人类养成学习的习惯,他学会怎样学习。

……

二、习惯是生长的表现

我们在上面已说过,可塑性是保持和提取过去经验中能改变后来活动的种种因素的能力。这就是说,可塑性乃是获得习惯或发展一定倾向的能力。我们现在要研究习惯的主要特征。首先,习惯乃是一种执行的技能,或工作的效率。习惯就是利用自然环境以达到自己目的的能力。习惯通过控制动作器官而主动地控制环境。我们也许易于强调控制身体,而忽略对环境的控制。我们想起步行、谈话、弹钢琴、雕刻工的专门技能、外科医生、建筑桥梁的工人等等的技能,好像他们的技能不过是有机体的行动流畅、灵巧和精确,当然,他们的动作的确流畅、灵巧和精确,但是,衡量这些特性的价值的标准,在于它们对环境的经济而有效的控制。我们能够走路,就是能支配自然界的某些特性,所有其他习惯也是如此。

人们常常把教育解释为获得能使个人适应环境的种种习惯。这个定义表明生长的一个重要方面。但是,这个定义中的所谓适应,必须从控制达到目的的手段的主动的意义上来理解。如果我们把习惯仅仅看作机体内部引起的变化,而忽视这种变化在于造成环境中以后许多变化的能力,就会把"适应"看作与环境一致,正如一块蜡依照印章一样。……

总而言之,所谓适应,既是我们的活动对环境的适应,也是环境对我们自己活动的适应。譬如,一个野蛮部落设法在沙漠平原上生活,他们使自己适应。但是,他们的适应包含最大限度的接受、忍受和容忍现状,最大限度的被动默认,和最小限度的主动控制和利用环境。后来,有文明的人出现了,他们也使自己适应。但是他们引进灌溉;寻找能在这种环境中繁荣昌盛的植物和动物;通过审慎的选择,改良正在那里生长的动植物。结果,这个荒芜的地方,好像盛开的玫瑰。野蛮部落只是顺应环境,习以为常;文明人却有习惯,这些习惯能改造环境。

但是,习惯的重要性并不止于习惯的执行和动作的方面,习惯还指培养理智的和情感的倾向,以及增加动作的轻松、经济和效率。无论什么习惯,都标志着一种倾向,能主动选择习惯运行的环境。……

……

各种习惯和智力脱离到什么程度,这种习惯变成呆板的动作的方法,或者变成奴役我们的动作方法就到什么程度。常规性的习惯就是不加思考的习惯;"坏"的习惯没有理智,违反有意识的考虑和决定所作出的结论。……

三、发展概念的教育意义

……当我们说教育就是发展时,全看对发展一词怎样理解。我们的最后结论是,生活就是发展;不断发展,不断生长,就是生活。用教育的术语来说,就是:①教育的过程,在它自身以外没有目的;它就是它自己的目的。②教育的过程是一个不断改组、不断改造和不断转化的过程。

(1)当我们用比较的术语,即从儿童和成人生活的特征来解释发展时,所谓发展,就是将能力引导到特别的渠道,如养成各种习惯,这些习惯含有执行的技能、明确的兴趣以及特定的观察和思维的对象。但是,比较的观点并不是最终的。儿童具有特别的能力;忽视这个事实,便是阻碍生长所依靠的器官的发育或使它们畸形发展。成人利用他的能力改造他的环境,因此引起许多新的刺激,这些新的刺激再引导他的各种能力,使它们不断发展。忽视这个事实,发展就受阻挠,成为被动的适应。换言之,常态的儿童和常态的成人都在不断生长。他们之间的区别不是生长和不生长的区别,而是各有适合于不同情况的不同的生长方式。……

……

(2) 既然实际上除了更多的生长,没有别的东西是和生长有关的,所以除了更多的教育,没有别的东西是教育所从属的。有句平常话说,一个人离开学校之后,教育不应停止。这句话的意思是,学校教育的目的在于通过组织保证生长的各种力量,以保证教育得以继续进行。使人们乐于从生活本身学习,并乐于把生活条件造成一种境界,使人人在生活过程中学习,这就是学校教育的最好的产物。

……

认识到生活就是生长,这就使我们能避免所谓把儿童期理想化,这种事情实际上无非是懒惰成性。不要把生活和一切表面的行动和兴趣混为一谈。我们虽然不能断定,有些东西看来仅属表面的玩笑,是否就是某种初生而未经训练的能力的征兆,但是我们必须牢记,不要把表面现象认为就是目的本身。它们不过是可能的生长的征兆。要把它们转变成发展的手段和使能力进一步发展的工具,不要为了它们自己而纵容它们或培养它们。过分注意表面现象(即使用指责和鼓励的方式)也许会使这些现象固定,从而使发展阻滞。对家长和教师来说,重要的事情是注意儿童哪些冲动在向前发展,而不是注意他们已往的冲动。……

提 要

……因为生长是生活的特征,所以教育就是不断生长;在它自身以外,没有别的目的。学校教育的价值,它的标准,就看它创造继续生长的愿望到什么程度,看它为实现这种愿望提供方法到什么程度。

名段之二:主动的作业在教育上的地位①

过去一个世纪学校课程经过了很大的改革。这种改革的由来,一部分是由于教育改革家的努力,一部分是由于研究儿童心理的兴趣的提高,一部分是由于学校教学的经验。从这三方面来的一个教训,即教学应从学生的经验和能力出发,使学校在游戏和工作中采用与儿童、青年在校外所从事的活动类似的活动形式。近代心理学已经用复杂的本能的和冲动的倾向,代替旧理论关于普通的和现成的官能的主张。经验表明,当儿童有机会从事各种调动他们的自然冲动的身体活动时,上学便是一件乐事,儿童管理不再是一种负担,而学习也比较容易了。

有的时候,人们采取游戏、竞技和建造作业,只是为了以上这些原因,强调解除"正规的"学校功课的沉闷和劳累。但是,没有理由只是采用游戏和建造作业作为愉快的消遣。心理生活的研究表明,探索、操作工具和材料、建造、表现欢乐情绪等先天的倾向,具有基本的价值。如果这些本能所激起的种种练习是正规的学校课程的一部分,学生便能专心致志地学习,校内生活和校外生活之间的人为的隔阂因之减少,能供给种种动机,使学生注意有显著教育作用的各种材料和过程,并能使学生通力合作,了解知识材料的社会背景。总之,学校所以采用游戏和主动的作业,并在课程中占一明确的位置,是理智方面和社会方面的原因,并非临时的权宜之计和片刻的愉快惬意。没有一些游戏和工作,就不可能有正常的有效的学习;所谓有效的学习,就是知识的获得是从事有目的的活动的结果,而不是应付学校功课的结果。讲得更具体些,游戏和工作完全和认识的第一阶段特征相应。我们在

---

① 该名段节选自[美]约翰·杜威著,王承绪译的《民主主义与教育》,人民教育出版社1990年版,第十五章"课程中的游戏和工作"中的第一节"主动的作业在教育上的地位",第207—209页。

前章讲过，这一阶段认知的特征是学习怎样做事和熟悉所做的事情和过程。在有意识的哲学兴起以前，希腊人用同一个词 Teχυ，代表技艺和科学，这是有启发性的。柏拉图论述知识时，也根据分析补鞋匠、木工和音乐家等等的知识，指出他们的技艺（如果不是纯粹的机械工作）都含有一个目的，须掌握工作的材料，控制所做的工具，并有明确的进行程序——这种种事情都须了解，才能获得聪明的技能或技艺。

儿童在校外的时候一般总是在游戏和工作。这个事实在许多教育者看来，无疑是一个理由，它说明了儿童在校内的时候，为什么应该做与校外根本不同的事情。学校里的时间很宝贵，似乎不应该用来重复做儿童无论如何肯定要做的事情。在有些社会条件下，这个理由是有力量的。例如，在开拓的时代，校外的作业能提供明确的和有价值的理智的和道德的训练。另一方面，有关这些作业的书籍和其他资料很少，并且难于得到；这些书籍和资料是当时狭隘和原始环境的唯一排遣的工具。无论哪里，只要有这种情况，主张学校活动集中在书籍上，就是有一番道理的。可是，在大多数现代的社会里，情况就大不相同了。特别在城市里，青年所从事的工作大多是反教育的。禁止童工是社会的责任，这件事实就是这一点的证明。另一方面，现在印刷品很便宜，普遍流通，一切求知识的机会又很多，所以旧式的钻研书本的工作远没有过去那么有力量了。

但是，不要忘记，在大多数校外环境里，教育的结果不过是游戏和工作的一个副产物。这种结果是偶然的，不是主要产物。因此，所得到的教育发展多少也是出于偶然的。很多工作都具有现在工业社会的缺点——这种缺点几乎是青年正当发展的致命伤。游戏往往既重复和肯定成人生活环境中的优点，也重复和肯定成人生活环境中的劣点。学校的任务就是设置一个环境，在这种环境里，游戏和工作的进行，应能促进青年智力和道德的成长。如果仅仅在学校采用游戏和竞技、手工和劳作，这还不够。一切还看我们怎样运用它们。

三、杜威的主要教育思想①

（一）教育即生活、生长和经验改造

杜威从心理学、教育学和实用主义哲学的不同角度，论述了教育的本质。提出了"教育即生长""教育即生活""教育即经验的连续不断的改造"三个重要论点。

1. 教育即生长

杜威认为教育的本质和作用就是促进儿童本能生长的过程。它有三个从低到高的层次。一是指儿童从未成年到成年，就其生理方面来看，儿童"有机体"是一个不断生长的过程。二是儿童从未成年到成年，他们的智慧与能力是不断发展的。这种发展是个人从经验中学习而获得的。在这个发展过程中，儿童虽然具有"从经验中学习的能力"，但是成人和教育者对他们进行"辅助"也是必要的。学校教育的任务就在于培养儿童具有"不断生长"的欲望，学校教育价值怎样，要看它能将这件事办到什么程度。三是儿童的习惯与道德也是在生活与适应环境过程中逐渐形成的，成人和教育者要利用各种条件去促进儿童习惯与品性的形成。

2. 教育即生活

杜威指出，儿童的本能生长总是在生活过程中展开的，生活就是生长的社会性表现。最好的学习就是"从生活中学习"，学校教育应该利用儿童现有的生活作为其学习的主要内容。应把教育与儿童眼前的生活结合起来，教儿童学会适应眼前的生活环境。

杜威认为"教育是生活的过程，而不是将来生活的准备"。他把教育与生活、生长与发展视为同一意义的概念，家庭生活、学校生活、集体生活、社

---

① 参考网址：http://blog.sina.com.cn/s/blog_4986ca2e010165fc.html.

会生活都是教育,尤其是道德教育。教育既始于社会又将归于社会。在学校生活、家庭生活和社会生活三者之中,社会生活是整合其他两种生活的关键。各种场合的教育实质上进行的是不同形式的生活。学校必须呈现现在的生活,即对于儿童来说是真实而生机勃勃的生活,像他在家庭里、在邻里间、在运动场上所经历的生活。

儿童的社会生活是他的一切生长的基础。教育上的许多失败就是由于它忽视了把学校作为社会生活的一种形式这一基本原则。教育丝毫也离不开生活,离开了社会生活,学校就没有了道德的目标,也没有了什么目的。如果关闭在一个孤立的学校里,我们就没有指导原则。最好的教育就是"从生活中学习"。因为"一切生活一开始就具有科学的一面、艺术和文化的一面以及相互交往的一面",就能实现人的和谐发展。他认为整个生活的东西就是教育的东西,整个社会的活动都是教育的范围。

3. 教育即经验的连续不断的改造

在杜威看来,经验是世界的基础,教育就是通过儿童自身活动去获得各种直接经验的过程。教育的主要任务并不是教给儿童既有的科学知识,而是要让儿童在活动中自己去获取经验。"经验是世界基础"的观点引申出他"一切学习来自经验"的看法。他认为,教育就是通过儿童的活动去获得各种直接经验。人类在适应环境的活动中,必须以旧经验为基础来解决问题。因此,杜威说:"教育就是继续不断地重组经验,使经验的意义格外增加,同时使控制后来经验的能力也格外增加。"

社会的组成是因为人们具有互通的信仰、目的、意识和情感,是由于人们之间联系和交际,而教育正是实现有效联系和交际的渠道。教育的职能就是延续社会生命,即教育能传递人类世代积累的经验,丰富人类经验的内容,增强经验指导生活和适应社会的能力,从而维系和发展社会生活。不管正规教育还是非正规教育,实际上都在进行经验的改造。生活和经验是教育的灵魂,离开了生活和经验就没有生长,也就没有教育。教育能传递人类积累的经验,丰富人类经验的内容,增强经验指导生活和适应社会的能力,从而把社会生活维系和发展起来。广义地讲,个人在社会生活中与人接触、相互影响、逐步扩大和改进经验,养成道德品质和习得知识技能,就是教育。由于改造经验必须紧密地和生活结为一体,而且改造经验能够促使个人成长,杜威便总结说"教育即生活""教育即生长""教育即经验的连续不断的改造"。

4. 经验、生长和生活的关系

"经验"是课程的本质。课程的本质是具有连续、交互特点和教育意义的那些经验。这些经验从儿童的现有经验出发,是儿童生长和社会发展所共同需要的、不可或缺的。在杜威看来,从儿童的经验出发没有错,问题是儿童的经验并不都是具有教育意义的。他举例说,一个小偷,不断地偷窃,其经验的积累可以让其变成干练的盗贼,但这种经验"具有错误的教育作用",当然不能置于课程之中。也就是说,在课程编制时,对经验要做伦理性、民族性和社会性的批判。只有这样,对学生的发展才是有意义的。

"生长"是教育的目标。"生长"包含儿童的身体发育、心理与情感的成长、思维与理智能力的发展,也包含着对社会进步所需知识、文化遗产的继承、传播和创造,更含有民主态度、方法和科学精神层面的素养。他提出"生长"是生物的根本特征,既然人是一种生物,也应具有生长的特性,而且不仅常态的儿童在生长,就是成人也在不断生长。"生长"是人生的目的,因而也是教育的目的。

"教育即生长"这一论断,要求在教育中要考虑儿童的本能和先天的能力,不要阻碍儿童生长所依靠的器官的发育或使它们畸形发展;要发展儿童应付新情境的首创精神,不要过分强调训练以免牺牲个人的理解能力,导致机械的技能;要尊重儿童时期,尊重生长的需要和时机,不要忽视生长的过程以致揠苗助长。学校教育的价值,就看它创造继续生长的愿望到什么程度;看它为实现这种愿望提供方法到什么程度。就是说,学校教育的中心任务就在于促进儿童的生长,一切都从学生的需要出发,以促进儿童的生长为重心。

"生活"是教育的过程。生活是主体经验不断得到扩展、改造和应用的动态过程。学生的经验首先应是他的"经历"。这种经历不在学科那里,不在家长和教师那里,而是在其自身的生活化问题解决的行为和活动之中。没有教育价值的活动是不能够进入到课程之中的。所选择的活动,应该是以问题的发现和解决为中心的行为过程。

经验、生长和生活是三位一体的关系。教育寓于生活,教育为了生长,生长源于经验。这是杜威课程哲学的核心。

(二) 学校即社会

杜威提出了"学校即社会"的方案。视教育为生活、生长和经验改造的学校,把参加现实生活作为媒介,把课堂改造为儿童活动和生活的乐园。

1. 学校是一种特殊的社会环境

杜威指出学校是一种特殊的社会环境,即学校是一种简化了的社会,不像成人社会那样复杂;学校是经过精选的社会,不像成人社会那样良莠不齐;学校是经过组织和条理化了的社会,不像成人社会那样庞杂;学校在多种影响中求取平衡,不像成人社会那样充满冲突。所以理想的学校是对成人社会进行了删繁就简、去粗取精。杜威的芝加哥实验学校便是范例。

学校与社会关系有两方面:一是从组织形式看,学校应该成为小型社会,以反映大社会生活的各种作业进行活动。学校就是社会生活的一种形式,把社会生活简化起来,缩小到一个雏形的状态,呈现儿童现在的社会生活。二是学校教育对社会具有改良调节、延续协调功能。通过教育,可以把老一辈的行为、思想和感情的习惯传给新一代;学校教育可以协调个人和社会的关系,使个人成为"社会的一员",以维护社会的民主和进步,确保社会变动而不致带来混乱的思想习惯。

2. 以社会为原型是课程设置的依据

杜威认为儿童的个性主要是在与外部环境即社会的相互作用中形成的。他把社会环境对个性的制约作用当作儿童个性形成的关键因素。因此,应该对现实的社会生活进行简化、净化和同化,使每一所学校都成为一个"雏形的社会",由此塑造青少年的心灵,逐步改变成人社会更加重大和更难控制的特征。为了实现其稳定社会的良好愿望,杜威把既符合儿童的能力与兴趣,又体现现实生活情境的纺织、烹饪、缝纫、园艺、木工、金工等作业引入学校的课程。杜威认为,儿童和课程是教学的起点和终点,只要把各门学科的知识回归至最初的经验状态并让儿童自己直接去体验,就能使儿童由起点走向终点。可见,杜威主张的是社会有什么,学校就设置什么课程,使学校成为一种生动的社会生活的"真正形式",从而为造就一个和谐的大社会提供最好的保证。

"学校即社会"并不意味着社会生活在学校里的简单重现。学校作为一种特殊的环境,具有三个重要功能,那就是:整理所要发展倾向的各种因素;把现存的社会风俗纯化和理想化;创造一个比青少年可能接触的更广阔、更美好的平衡的环境。

杜威一再强调学校的教育内容不能与社会脱节,必须与社会生活的经验有密切的关系。教育就是要协助儿童社会化,使之成为良好的社会公民。

(三) 教育无目的论

1. 教育目的存在于发展过程中

杜威批评传统教育为儿童确定他们不理解和不需要的目的。如果把活动的价值看作能否达到目的,那么这种活动就变成了苦役。自由活动中出现的目的是与手段密切结合的,一项目的达到后,活动并不中止。已达到的前项活动目的,成为下一活动目的的手段,如此交替进行,目的也是手段,手段也是目的。杜威反对外在的、固定的、终极的教育目的,认为外在的教育目的不能顾及儿童的兴趣和需要;固定的目的不具灵活性,不能适应变化了的具体情况;终极的目的是一种理论上的虚构,因为世界是变动不居的。

杜威认为,教育是"生活""生长"和"经验改造",这是一个循序渐进的积极发展过程,教育目的就存在于这种过程中。生活是为了更丰富、更完美的生活,教育也是为了更丰富、更完美的教育,不能有任何外加于生活和教育的目的。他认为生长和生活是无止境的,因而也无最后目的;儿童和青少年在生长和生活的过程中,在扩充、提高、更新、重组的过程中逐步成长,并最终成为社会的合格成员。这就是杜威的教育无目的论。

2. 教育目的是由当前向未来发展而逐步实现的

杜威特别强调,教育的目的在过程之中,而不在过程之外。如果目的在过程之中,那么活动的自身便成为达到目的的手段,这样的活动便是生动的,具有真正教育意义的。反之,如果目的是在过程之外,即外部强加的目的,这样的活动便不能在特定的情况下激发智慧,是盲目的、机械的和有害的。

实际上杜威是将"生长"作为教育的目的。生长的目的是获得更多、更好的生长,教育的目的就是获得更多和更好的教育。真正的目的是儿童所能预见的奋斗目标,它能使儿童尽心竭力地观察形势,耐心细致地寻求成功,专心致志地钻研学习。这样,儿童一步步向前迈进,便一步步获得进步,实现教育随时都是自己的报酬。这种目的使儿童成为教育过程的全心全意参加者。这种令人诚心以赴的目的,是受教育儿童在实际活动中切实感觉到的,并对儿童的行动起着摄引和指导作用。杜威的教育无目的论是为了纠正脱离儿童而由成人决定教育目的的旧教育,并非根本放弃教育目的。

杜威认为,以未来生活为教育目的有三个缺点:容易丧失现有的动机;容易使儿童养成懒惰和因循延宕的习惯;容易忽略儿童的个性。杜威进一步说,真正的目的是含有理性因素的。它不是武断决定的,而是善于适应环境变化的,是具有实验性质的。它是由当前向未来发展而逐步实现的,绝非以否定教育者的当前兴趣与需要为代价,而追求可望不可及的遥远目的。生长和生活无止境、无终极,没有最后的目的永远前进,在其扩充、提高、更新、重组的过程中,儿童和青少年便逐步成长为社会的合格成员。

3. 教育的根本目的是改造社会

杜威指出:"教育的过程,在它自身以外没有目的;它就是它自己的目的。"即认为,只有"教育过程以内"的目的,而无"教育过程以外"的目的。主张由儿童的本能、冲动、兴趣所决定的具体教育过程就是教育的目的,而把由社会、政治需求所决定的教育总目的看作是"教育过程以外"的目的,并指斥其为一种外在的、虚构的目的。

实际上,在杜威的心目中,教育是有目的的。那就是"民主的生活方式"和"科学的思想方法"。杜威视适应社会需要为教育的归宿点,就不会片面地尊重儿童而抹煞社会。《民主主义与教育》所论证的就是教育应适应民主社会的要求,引导儿童生活、生长和经验改造,从而使新生一代符合和满足民主社会的希望。杜威反复讲过,学校为发扬民治精神而存在,为市民幸福而存在。教育的目的就是要培养人成为社会的良好公民。教育是社会进步和社会改革的基本方法。可见杜威的教育无目的论乃是对于脱离儿童而由成人决定教育目的的旧教育的纠正,并非根本放弃教育目的。

杜威的教育思想曾对二十世纪上半叶的中国教育界、思想界产生过重大影响。民国时期一些重要人物如胡适、陶行知、郭秉文、张伯苓、蒋梦麟等均曾在美国哥伦比亚大学留学,曾是杜威的学生。杜威反对传统的灌输和机械训练,强调从实践中学习的教育主张,对蔡元培、晏阳初以至毛泽东等都有一定的影响。

文档

【讨论与研究】

1. 谈谈你对杜威关于教育本质的理解。

2. 杜威的"做中学"与陶行知的"教学做合一"有何不同？

✎测试与答案

苏霍姆林斯基与《给教师的建议》

一、苏霍姆林斯基生平[①]

瓦·阿·苏霍姆林斯基(B. A. Сухомлинский，
1918—1970)，苏联著名的教育实践家和教育理论
家，被人们称为"教育思想泰斗"。他的论著被称
为"活的教育学""学校生活的百科全书"。

1918 年，苏霍姆林斯基诞生在乌克兰克缅丘格
市帕夫雷什镇一个贫农的家庭。1926 年，入一所七
年制的农村学校学习。1933 年毕业，翌年进入了短
期师资训练班。1935 年结业后回到家乡的一所小
学担任教师。在这期间，他一边从事教学工作，一
边以函授的方式在波尔塔瓦师范学院语言文学系接受高等师范教育。1939
年取得中学教师的合格证书，并调入奥努夫列耶夫卡完全中学任教。

[①] 参考李明德、金锵主编的《教育名著评介(外国卷)》，福建教育出版社 1992 年版，
第 502—503 页。

苏联卫国战争(1941—1945)爆发后不久,苏霍姆林斯基便应征入伍,在前线担任政治指导员,翌年二月,身负重伤,住院治疗。出院后,他请求重返前线,但司令部考虑到炮弹的碎片仍然留在他的胸部,便决定让他重返教育部门工作。他先后担任中学教师、中学校长、区教育局长等职。1948年,他改任帕夫雷什学校校长,并在这个岗位上一直工作到去世为止。

帕夫雷什学校原是一所不为人们注意的十年制普通农村学校,在战争年代又遭到过严重的破坏,条件较差。苏霍姆林斯基到任以后,决心以列宁的教育思想为指导,注意团结和带领全体教师搞好工作,竭力改善学校的物质条件和学生周围的环境,全面关注学生的学习和成长。同时,他还筹办了"快乐学校",为即将进入小学的6岁儿童进行预备教育,等等。结果很快就在教育实践和教育理论探索方面取得了重大的成就,引起了苏联教育界的广泛注意。1950年,乌克兰共和国最高教育研究机构和基辅师范学院选拔他为在职研究生,在完成学习任务后,他获得了副博士学位。

1957年,苏霍姆林斯基被选为俄罗斯联邦教育科学院通讯院士。1968年,被选为苏联教育科学院通讯院士。1969年获乌克兰社会主义加盟共和国功勋教师称号,并先后获得两枚列宁勋章、一枚红星勋章、多枚乌申斯基[①]和马卡连柯[②]奖章等。1970年,残留在他胸部的炮弹碎片最终夺去了他的生命。

苏霍姆林斯基的代表作有《给教师的一百条建议》(1973)、《把整个心灵

[①] 乌申斯基(1824—1871),19世纪俄国教育家,被称为"俄罗斯教育心理学的奠基人""俄国教师的教师"。其代表作品有《论公共教育的民族性》《人是教育的对象》等。

[②] 马卡连柯(1888—1939),20世纪苏联著名教育革新家、教育理论家、教育实践家和作家。其代表作品有《教育诗》《塔上旗》等。

献给孩子们》(1969)、《帕夫雷什中学》(1969)①和《全面发展的个性的培养问题》(1977)。

📖 文档

二、《给教师的建议》简赏

（一）《给教师的建议》的中国版本

当代著名教育家瓦·阿·苏霍姆林斯基是一位具有 30 多年教育实践经验的教育理论家。《给教师的一百条建议》写于 1965 年至 1967 年,是苏霍姆林斯基在帕夫雷什学校任校长期间,为了解决当时中小学的实际问题,切实提高教育、教学质量,而专为中小学教师写的一本书。中译本是杜殿坤②根据我国的情况和需要,选择了《给教师的一百条建议》的精华部分,另从苏氏的其他著作里选译了有益于教师开阔眼界、提高水平的精彩条目,作为补充,全书仍有一百条,但改称为《给教师的建议》。书中每条谈一个问题,既有生动的实际事例,又有精辟的理论分析。文字深入浅出,通顺流畅,具有很强的可读性。1980 年 12 月和 1981 年 11 月,教育科学出版社分别出版了《给教师的建议》上册和《给教师的建议》下册。该书于 1984 年 6 月作为"20 世纪苏联教育经典译丛"由教育科学出版社出版了它的修订本全一册。

（二）《给教师的建议》中所辑建议

《给教师的建议》一书中所辑的 100 条建议如下：

---

① 《帕夫雷什中学》一书是苏霍姆林斯基在帕夫雷什学校任教 33 年,其中包括 26 年任校长的工作中得出并在实践中发展的"自己的教育信念"的总结。"它能使读者更集中、更全面地了解苏霍姆林斯基其人、其校及其教育信念、办学思想和施教措施。"

② 杜殿坤(1931—1994),我国著名苏俄教育研究家、翻译家、教学论专家、华东师范大学比较教育研究所教授、中央教育科学研究所兼职研究员,曾担任《外国教育资料》杂志主编、《高等师范教育研究》杂志编委、中国民主同盟中央教育委员会委员等职。

1. 请记住：没有也不可能有抽象的学生。

2. 教师的时间从哪里来？一昼夜只有二十四小时。

3. 教师的时间和教学各阶段的相互依存性。

4. 把基础知识保持在学生的记忆里。

5. "两套教学大纲"，发展学生思维。

6. 谈谈对"后进生"的工作。

7. 知识——既是目的，也是手段。

8. 关于获取知识。

9. 怎样把学生从事实引导到抽象真理？

10. 第一次学习新教材。

11. 思考新教材是上课的一个阶段。

12. 怎样使检查家庭课业成为学生有效的脑力劳动？

13. 评分应当是有分量的。

14. 不要把学习之母变成后娘。

15. 怎样检查练习本？

16. 学科教学中的学生积极活动的内容。

17. 教给学生观察。

18. 怎样靠阅读扩充知识？

19. 阅读是对"学习困难的"学生进行智育的重要手段。

20. 不要让能力和知识关系失调。

21. 兴趣的秘密何在？

22. 争取学生热爱你的学科。

23. 怎样把思想同自尊感融为一体？

24. 谈谈学生的智力生活。

25. 想克服负担过重现象，就得使学生有自由支配的时间。

26. 要教会儿童利用自由支配的时间。

27.让每一个学生都有最喜欢做的事。

28.用劳动的爱好来教育学生。

29.怎样使学生注意力集中？

30.谈谈直观性问题。

31.给准备教一年级的教师的建议。

32.怎样在学龄前期研究儿童的思维？

33.给刚参加学校工作的教师的几点建议。

34.怎样发展儿童的思维和智力？

35.怎样培养记忆力？

36.要爱惜和发展青少年的记忆力。

37.培养儿童对图画的爱好。

38.怎样训练儿童流利地书写？

39.教给儿童用左、右手都会工作。

40.动手和智慧。

41.智育的真谛。

42.怎样学习别的教师的经验？

43.怎样才能使儿童愿意好好学习？

44.给复式教学的学校教师的建议。

45.教师应当写哪些计划？

46.关于写教师日记的建议。

47.怎样培养脑力劳动中的自我纪律？

48.要思考,不要死记!

49.要让学生掌握学习的工具。

50.学生负担过重的奥秘在哪里？

51.要使知识"活起来"。

52.为什么学生感到越学越难了呢？

53. 学习愿望是学生学习活动的重要动因。

54. 怎样使小学生愿意学习？

55. 逐步养成儿童从事紧张的创造性脑力劳动的习惯。

56. 让孩子们心里的诗的琴弦响起来。

57. 带孩子们做环球"旅行"。

58. "思维课"——到自然界去"旅行"。

59. 识字教学应当跟图画紧密结合起来。

60. 必须教会少年阅读。

61. 一年级数学教学中的思维训练。

62. 让学生生活在思考的世界里。

63. 教师要把学生的脑力劳动放在注意的中心。

64. 在课堂上怎样指导学生的脑力劳动？

65. 让学生进行独立的脑力劳动——研究性学习法。

66. 劳动和智力发展。

67. 通过劳动发展学生的个人才能和爱好。

68. 一般发展与掌握基本知识。

69. 教学中的随意识记和不随意识记。

70. 要敢于鼓励学生"超大纲"。

71. 教学方法问题。

72. 少年期学生思维活动的特点。

73. 青年期学生思维活动的特点。

74. 学生应当掌握的最重要的技能和技巧。

75. 教师,要爱护儿童对你的信任。

76. 怎样对待学习有困难的儿童？

77. 怎样教会头脑迟钝的学生解应用题？

78. 一个"差生"的"思维的觉醒"。

79. 教育和自我教育。

80. 要保持"水源的清洁"。

81. 全面发展教育思想的一些问题。

82. 关心儿童的健康,是教育者的最重要的工作。

83. "思考之室"——我们的阅览室。

84. 我们的"家长学校"。

85. 农村学校的特殊使命。

86. 致未来的教师。

87. 谈谈教师的教育素养。

88. 教师们的教育观点的一致。

89. 怎样听课和分析课?

90. 我怎样写教育日记?

91. 我怎样领导教师集体的创造性劳动?

92. 我的简单经历、在职进修和我们办学的一些成绩。

93. 关于和谐的教育的一些想法。

94. 劳动教育和个性全面发展。

95. 提倡教师在日常工作中做一些科学研究。

96. 我怎么研究和教育学习最差的学生?

97. 怎样教育学生热爱劳动?

98. 课堂教学与课外阅读。

99. 怎样使学校教育和家庭教育保持一致?

100. 提高教学质量的几个问题。

对这100条建议进行归纳、分类,大致可以分成以下几个方面:关于教师教育素养、关于教学方法、关于学生阅读的培养、关于"减负"、关于让学生参与创造性的劳动、关于培养学生热爱学习的兴趣和习惯、关于对学生思维的训练、关于直观的生活教育、关于关注儿童的心理和身体健康、关于学校教育与家庭教育的一致、关于和谐教育及发展儿童的多元智能等等。

(三)《给教师的建议》的简要书评[①]

《给教师的建议》中的教学理论,都是在苏联社会主义经济建设和教育改革的历史条件下,在苏霍姆林斯基长期的实践基础上,以及在马克思列宁主义思想观点的指导下总结出来的。他的教学理论是生动的,是符合时代发展的。

该书写作方式新颖独特。它用提建议的形式阐明自己的观点,生动具体,有说服力。书中理论密切联系实际,对于教学中的实际问题,根据马克思主义的原理,有的放矢地给予了回答,提出了积极的建议。从这一角度说,本书是一本"教师手册",尤其对中小学教师具有切实的指导意义,是当代教育史上不可多得的一部杰作。

(四)《给教师的建议》的名段品读

名段之一:请记住:没有也不可能有抽象的学生[②]

为什么早在一年级就会出现一些落伍的、考不及格的学生,而到二、三年级有时候还会遇到落伍得无可救药的,因而教师干脆对他放弃不管的学生呢?这是因为在学校生活的最主要的领域——脑力劳动的领域里,对儿童缺乏个别对待的态度的缘故。

我们不妨打个比喻:让所有刚刚入学的七岁儿童都完成同一种体力劳动,例如去提水,一个孩子提了五桶就精疲力竭了,而另一个孩子却能提来二十桶。如果你强迫一个身体虚弱的孩子一定要提够二十桶,那么

---

① 乔建中主编:《中外教育经典名著速读》,南京师范大学出版社 2004 年版,第 229 页。

② 该名段节选自[苏]瓦·阿·苏霍姆林斯基著,杜殿坤编译的《给教师的建议》(修订本全一册),教育科学出版社 1984 年版中所辑的第 1 条建议"请记住:没有也不可能有抽象的学生",第 1—6 页。

这就会损害他的力气,他到明天就什么也干不成了,说不定还会躺到医院里去。儿童从事脑力劳动所需要的力量,也是像这样各不相同的。一个学生对教材感知、理解、识记得快,在记忆中保持得长久而牢固;而另一个学生的脑力劳动进行得就完全不同:对教材的感知很慢,知识在记忆中保持得不久而且不牢固。……学习上的成就这个概念本身就是一种相对的东西:对一个学生来说,"五分"是成就的标志,而对另一个学生来说,"三分"就是了不起的成就。教师要善于确定:每一个学生在此刻能够做到什么程度,如何使他的智力才能得到进一步的发展,——这是教育技巧的一个非常重要的因素。

……

名段之二:教师的时间从哪里来? 一昼夜只有二十四小时①

……

怎样进行这种准备呢? 这就是读书,每天不间断地读书,跟书籍结下终生的友谊。潺潺小溪,每日不断,注入思想的大河。读书不是为了应付明天的课,而是出自内心的需要和对知识的渴求。如果你想有更多的空闲时间,不至于把备课变成单调乏味的死抠教科书,那你就要读学术著作。应当在你所教的那门科学领域里,使学校教科书里包含的那点科学基础知识,对你来说只不过是入门的常识。在你的科学知识的大海里,你所教给学生的教科书里的那点基础知识,应当只是沧海之一粟。

……

名段之三:"两套教学大纲",发展学生思维②

……

---

① 该名段节选自[苏]瓦·阿·苏霍姆林斯基著,杜殿坤编译的《给教师的建议》(修订本全一册),教育科学出版社 1984 年版中所辑的第 2 条建议"教师的时间从哪里来? 一昼夜只有二十四小时",第 6—9 页。

② 该名段节选自[苏]瓦·阿·苏霍姆林斯基著,杜殿坤编译的《给教师的建议》(修订本全一册),教育科学出版社 1984 年版中所辑的第 5 条建议"'两套教学大纲',发展学生思维",第 15—18 页。

必须识记的材料越复杂,必须保持在记忆里的概括、结论、规则越多,学习过程的"智力背景"就应当越广阔。换句话说,学生要能牢固地识记公式、规则、结论及其他概括,他就必须阅读和思考过许多并不需要识记的材料。阅读应当跟学习紧密地联系起来。如果通过阅读能深入思考各种事实、现象和事物,它们又是应当保持在记忆里的那些概括的基础,那么这种阅读就有助于识记。这种阅读就可以称之为给学习和识记创造必要的智力背景的阅读。学生从对材料本身的兴趣出发、从求知、思考和理解的愿望出发而阅读的东西越多,他再去识记那些必须记熟和保持在记忆里的材料就越容易。

考虑到这一条非常重要的规律性,我在自己的实际工作中始终把握住两套教学大纲:第一套大纲是指学生必须熟记和保持在记忆里的材料;第二套大纲是指课外阅读和其他的资料来源。

⋯⋯

名段之四:教给学生观察[①]

⋯⋯

教师劳动的文明,在很大程度上取决于观察在学生的智力发展中占有何种地位。从观察中不仅可以汲取知识,而且知识在观察中可以活跃起来,知识借助观察而"进入周转",像工具在劳动中得到运用一样。如果说复习是学习之母,那么观察就是思考和识记知识之母。一个有观察力的学生,绝不会是学业成绩落后或者文理不通的学生。教师如果善于帮助学生利用以前掌握的知识来进行一次又一次的新的观察,他就能使学生的"旧"知识变得愈加牢固。

⋯⋯

请你教给学生观察和看见周围世界的各种现象吧。当自然界里发生转

[①] 该名段节选自[苏]瓦·阿·苏霍姆林斯基著,杜殿坤编译的《给教师的建议》(修订本全一册),教育科学出版社 1984 年版中所辑的第 17 条建议"教给学生观察",第 48—49 页。

折的时期,请你把儿童带领到大自然中去,因为这时候正发生着迅猛的、急剧的变化:生命在觉醒,生物的内在的生命力正在更新,正在为生命中的强有力的飞跃积蓄精力。

学龄初期的观察训练——这是智力发展的必不可少的条件。

名段之五:怎样使学生注意力集中①

……怎样才能把这一群坐立不宁的、好奇心很强的、随时都会跑去追赶蝴蝶的小家伙吸引在你的身旁呢?当你开始给少年讲解一些枯燥的、并无趣味的知识,而他的头脑里却正在想着别的什么有趣的、吸引人的、激动人心的东西的时候,你该怎么办呢?

控制注意力的问题,是教师工作中最精细的而且研究得还很不充分的领域之一。要能控制注意力,就必须懂得儿童的心理,了解他的年龄特点。多年的学校工作经验告诉我,要能把握住儿童的注意力,只有一条途径,这就是要形成、确立并且保持儿童的这样一种内心状态——即情绪高涨、智力振奋的状态,使儿童体验到自己在追求真理,进行脑力活动的自豪感。

……

名段之六:关于写教师日记的建议②

我建议每一位教师都来写教育日记。教育日记并不是什么对它提出某些格式要求的官方文献,而是一种个人的随笔记录,在日常工作中就可以记。这些记录是思考和创造的源泉。那种连续记了十年、二十年甚至三十年的教师日记,是一笔巨大的财富。每一位勤于思考的教师,都有他自己的

---

① 该名段节选自[苏]瓦·阿·苏霍姆林斯基著,杜殿坤编译的《给教师的建议》(修订本全一册),教育科学出版社,1984 年版中所辑的第 29 条建议"怎样使学生注意力集中",第 83—86 页。

② 该名段节选自[苏]瓦·阿·苏霍姆林斯基著,杜殿坤编译的《给教师的建议》(修订本全一册),教育科学出版社 1984 年版中所辑的第 46 条建议"关于写教师日记的建议",第 126—129 页。

体系、自己的教育学修养。如果有高超技巧的、有创造性的教师,在结束他的一生时,把自己在长年劳动和探索中所体会到的一切都带进了坟墓,那会损失多少珍贵的财富啊! 我但愿把许多本教师日记搜集起来,保存在教育博物馆和科研机构里,当作无价之宝。

……

在日记里,关于后进儿童的记载占有重要的地位。我认为,善于觉察这些儿童在课堂内外的行为上的极其细微的变化,是十分重要的。把所观察到和记录下来的情况加以深入思考,对教师的工作有很大帮助。……

名段之七:要使知识"活起来"①

……

譬如你带领孩子们来到秋天的果园里。这是一个阳光和煦的初秋的日子。柔和的阳光温暖着大地,树木穿着各种色彩的鲜明的盛装。你向孩子们讲述金色的秋天,讲述自然界的一切生物都在准备度过漫长而寒冷的冬季。但是,如果你不注意尽量使词在儿童的头脑和心灵里成为一种积极的力量,那么认识世界的过程就只能是你的思想在儿童头脑里的堆积,从而把他的头脑变成了知识仓库。当你深信孩子们已经清楚地理解了词、词组的丰富含意和情感色彩以后,你就建议他们自己讲述他们所看到和感受到的东西。这时,在你的眼前,就会产生许多关于周围自然界、关于自然美的令人惊异的精细而鲜明的思想。孩子们说:"在蔚蓝色的天空里飘着一朵白云——就像一只白天鹅……""啄木鸟敲击着树干,使它发出清亮的响声……""路旁开着一株孤零零的野菊花……""鹳鸟用一只腿站在巢边上,向远远的什么地方了望着……它在想什么呢?""一只蝴蝶落在菊花的花朵上,它在晒太阳……"

不容置疑,是你的思想成了儿童创作和情感流露的推动力和源泉,因

———————

① 该名段节选自[苏]瓦·阿·苏霍姆林斯基著,杜殿坤编译的《给教师的建议》(修订本全一册),教育科学出版社 1984 年版中所辑的第 51 条建议"要使知识'活起来'",第 145—151 页。

为你善于在儿童面前打开通往周围世界的窗口。但是儿童在这里并不是重述他们所听到的话;你的词、你的思想在他们的意识里发生了转换。儿童在学习思考,得到一种无可比拟的思维的欢乐感,从认识中得到了享受。

……

名段之八:怎样使小学生愿意学习①

……要知道,儿童想要好好学习的愿望,是跟他乐观地感知世界(认识周围世界,特别是自我认识)不可分割的。很明显,如果儿童对学习没有一种欢乐的喜爱,没有付出紧张的精神努力去发现真理,并在真理面前感到激动和惊奇,那是谈不上热爱科学、热爱知识的。

为了使儿童有强烈的学习兴趣,就必须使他有一种丰富多彩的、引人入胜的智力生活。

……我们对这些学前儿童进行一种被称为"思维课"的特别的活动。这种活动,用形象的话来说,就是到思维的源泉那儿去旅行。我们带领孩子们到花园里、树林里、湖岸边去,在他们面前展示出各种事物、现象、关系和依存性的极其多种多样的细微差别和各方各面。一个人由于看见世界,他就不会成为消极的观察者,而是成为真理的发现者,由此便产生了活的思想。我们认为,只有在我们教会自己的学生积极地看见世界的情况下,才能防止儿童眼睛里那种好奇的火花熄灭下去。……儿童对于从周围世界里以及日后从他本身里所揭示出来的东西的强烈兴趣,是他渴望知识、追求认识真理的志向的源泉。……

---

① 该名段节选自[苏]瓦·阿·苏霍姆林斯基著,杜殿坤编译的《给教师的建议》(修订本全一册),教育科学出版社 1984 年版中所辑的第 54 条建议"怎样使小学生愿意学习",第 166—176 页。

名段之九：怎样对待学习有困难的儿童①

正像医生细心地研究病人的机体,找出疾病的根源,以便着手进行治疗一样,教师也应当深思熟虑地、仔细耐心地研究儿童的智力发展、情感发展和道德发展的情况,找出儿童在学习上感到困难的原因,采取一些能够照顾个人特点和个别困难的教育措施。……

多年的教育工作的实践,对儿童的脑力劳动和精神生活的研究——所有这些都使我深信:儿童学习困难,功课不及格,落后于别人,其原因在绝大多数情况下都在于儿童在童年早期所受的教育和他周围的条件不够好。……

我们当教师的人应当记住:对于每一个学习困难的儿童、不管他已经被耽误到了什么程度,我们都应当让他在公民的、劳动的、精神的生活道路上站住脚。我们的崇高的使命就在于:要使我们的每一个学生选择这样一条生活道路和这样一种专业,它不仅是供给他一块够吃的面包,而且能给予他生活的欢乐,给予他一种自尊感。

……

有些教师和学校领导人认为,要把学习困难的儿童"拉上来",就得强迫他学会一定的教材。这种看法是大错特错的。……不要强迫儿童尽量长久地死抠书本,而要培养智慧,发展大脑,教他去观察世界,发展儿童的智力——这一点是教师和校长永远不应忘记的。

还要谈到的一点是:当学习困难的儿童跟能力较强的儿童在一起上课学习的时候,需要对他们加以特别的关心和有耐心。……

名段之十：致未来的教师②

……

---

① 该名段节选自[苏]瓦·阿·苏霍姆林斯基著,杜殿坤编译的《给教师的建议》(修订本全一册),教育科学出版社1984年版中所辑的第76条建议"怎样对待学习有困难的儿童",第326—334页。

② 该名段节选自[苏]瓦·阿·苏霍姆林斯基著,杜殿坤编译的《给教师的建议》(修订本全一册),教育科学出版社1984年版中所辑的第86条建议"致未来的教师",第417—422页。

未来的教师,我亲爱的朋友!在我们的工作中,最重要的是要把我们的学生看成活生生的人。学习——这并不是把知识从教师的头脑里移注到学生的头脑里,而首先是教师跟儿童之间的活生生的人的相互关系。

……

你是明天的教师,请记住:每一个儿童都是带着想好好学习的愿望来上学的。这种愿望像一颗耀眼的火星,照亮着儿童所关切和操心的情感的世界。他以无比信任的心情把这颗火星交给我们——做教师的人。这颗火星很容易被尖刻的、粗暴的、冷淡的、不信任的态度所熄灭。要是我们,做教师的人,在心里也像儿童对待我们那样,把无限的信任同样地给予他们就好了!那将是一种富有人情的相互尊重的美妙的和谐。

……在学校里的真正的创造性劳动,首先是生动的、探究性的思考和研究。即使是最好的、最精密的教学法,只有在教师加入了自己的个性,对一般的东西加入了自己的、经过深思熟虑的东西以后,它才能是有效的。……

三、苏霍姆林斯基的教育思想

苏联教育家苏霍姆林斯基教育思想的核心内容是其"个性全面和谐发展"的教育理论。他根据当时苏联社会的要求和自己多年的实践经验,从马克思主义关于人的全面发展学说出发,创造性地将"全面发展""和谐发展"和"个性发展"融合在一起,提出个性全面和谐发展的教育思想,并将其作为学校教育的理想和目标。

(一)论教育

苏霍姆林斯基从多角度论述了教育目的,提出了"培养共产主义建设者""培养全面发展的人""聪明的人""幸福的人""合格的公民"等等。其中最集中的也最深刻的一个观点是要把青少年培养成为"全面和谐发展的人,社会进步的积极参与者"。而培养这种人需要实现全面发展的教育任务,即应使"智育、德育、体育、审美教育和劳动教育深入地相互渗透和相互交织,使这几个方面的教育呈现一个统一的完整的过程"。

1. 关于德育

苏霍姆林斯基明确指出:"和谐全面发展的核心是高尚的道德。"他特别强调要使学生具有丰富的精神生活和精神需要,认为"精神空虚是人的最可怕的灾难"。要求教师和家长尊重儿童的人格,全面关心儿童。他说:"如果有人问我,生活中什么是最主要的呢?我可以毫不犹豫地回答说'爱孩子'。"他提出了"要让每个学生都抬起头来走路"的主张,并努力创设良好的教育环境,"让学校的墙壁也说话"。他同时指出爱不等于无原则的溺爱,应该用严格的纪律和道德规范去要求儿童,并注重通过集体教育培养学生的道德品质。

2. 关于智育

苏霍姆林斯基认为智育就其本质与任务来说,包括给学生以系统的科学知识、形成科学世界观、发展智力等方面。智育是在获取知识的过程中进行的,通过传授,帮助学生形成科学的世界观,并发展他们的智力。他是知识与智力的统一论者,提出学生的知识要建立在广阔的"智力背景"上,并创造了许多新鲜经验,其中包括:给儿童上思维课;开展课外读书;按自己的兴趣和爱好参加课外小组活动等。在帕夫雷什学校,所有学生整个下午都参加各种课外小组活动,小组多达一百多个。

3. 关于体育

苏霍姆林斯基说:"对健康的关注,这是教育工作者首要的工作。孩子的精神生活、世界观、智力发展、知识的巩固和对自己力量的信心,都要看他们是否乐观愉快,朝气蓬勃。"并响亮地喊出了"健康、健康,再一个还是健康"的口号。他不允许低年级儿童在室内进行三小时以上的脑力劳动,反对让12~15岁的少年每天花费四五个小时去做家庭作业。他带领师生在校园内外种植大量植物,为孩子们建立天然的"氧气厂"。在教室内,注意合理采光,定期检查课桌椅与学生身高之间的适合程度,注意学生合理的营养等。他钻研了 15 年之久,为帕夫雷什学校制定了新作息制度,保证劳动和休息、活动与睡眠的恰当交替。

4. 关于审美教育

苏霍姆林斯基指出:"美是道德纯洁、精神丰富和体魄健全的有力源泉",在青少年整个受教育的过程中,必须抓紧美育的实施。他十分注重培养学生美的情感和塑造他们美的心灵,并提出了进行美育的多种多样的途径和手段,如通过观赏大自然感受美,通过文学艺术作品鉴赏美,通过动手劳动创造美等,甚至要求儿童重视衣着美和仪表美。总之,在整个美育过程中,美育应随时、随处进行。

5. 关于劳动教育

苏霍姆林斯基明确指出:"劳动以外的教育和没有劳动的教育是不存在也不可能存在。"他认为,如果一个学生进行十年制教育,仅仅教给他科学基础知识,从不让他接受劳动训练,而在他毕业时把一把铲子交给他开始劳动,那么这对于学生来说"是一个悲剧"。因为他在十年过程中脱离了劳动,脱离了生活,精神生活是空虚的,没有劳动技能,没有做好生活准备,特别是没有劳动情感,这无论从社会对青年一代的期望来说,还是对青少年的个性发展来说都是一种失败。因此,在他的教育实践中一向重视劳动教育的实施。

总之,苏霍姆林斯基对教育的论述,既提出了明确的教育目的,又提出了具体的五育任务。在论述五育时,既强调了各育的"相对独立职能",又明了在实施过程中必须相互联系、相互渗透、相辅相成。

(二)论教学

苏霍姆林斯基的著作中既有关于教学基本理论的论述,又有各个教学环节的经验介绍和建议,基本上构成了一套较完整的教学论。他从智育的基本任务出发,要求正确解决教学过程中的两对矛盾,即教学和教育、教学和发展,要求在促进矛盾的辩证统一过程中,完成目的,实现和谐发展的总任务。

1. 关于教学与教育的统一

苏霍姆林斯基指出教育性教学(或教学的教育性)原则,不仅要求世界观教育、道德教育,也必须在科学知识的教学过程中来进行贯彻。反对把教育看成与学习和教养相隔绝的东西。他说:"训练和教养能够形成各种世界观吗? 考虑一个人在教学过程所见到、所理解、所思考的东西,能够对他的心灵实施教育吗?"可见,他是教学、教育和教养的统一论者。

2. 关于教学与发展的统一

首先,他强调师生通过教学才能有效地传授和获取知识,认为只有掌握知识的人才是一个真正幸福的人。其次,他坚决反对那种只给知识、不重视发展智力的教学。他说:"教师把事先准备好的种种原理、结论和推理一股脑塞进儿童的脑子,往往不让儿童有可能哪怕接触一下思维和活的言语的源泉,这就捆住了他们的幻想、想象力和创造力的翅膀。孩子时常由富有朝气的、积极的、活跃的人变成了仿佛专门用于背诵的机器。"因此,他要求教师要善于激发学生的求知欲,讲课力求生动、形象、有趣,反对"满堂灌",引导学生积极思考,"真正的学校是一个积极思考的王国",并用分数去鼓励他们,使学生体验到学习取得成绩的快乐。

3. 关于"两套教学大纲"的论述

在苏霍姆林斯基看来,教师在教学过程中要忠实执行国家制定的教学大纲,但不能过于机械,心目中同时装有"第二大纲",借以指导学生课外阅读,开阔视野,以培养学生的自学能力。因此,他要求教师要精通自己所教的学科,吃透教材,并指出:一位优秀教师懂的东西应比"大纲"规定的内容多许多倍,课程对他来说只不过是这门学科的起码知识。教师高深的学识是吸引学生热爱学习、获取知识的必要条件。

此外,他还阐述了诸如教学任务、教学原则和教学方法等问题。

(三)论学校管理

苏霍姆林斯基自 1948 至 1970 年一直担任帕夫雷什学校校长,积累了丰富的学校管理工作经验。其中,主要有校长管理、学生管理、教师管理和学年总结,这些管理学校的经验不乏真知灼见,值得我们学习、借鉴。

1. 关于校长管理

校长不能陷入事务的漩涡,也不能用官腔官调的行政命令来领导。苏霍姆林斯基说"对学校的领导,首先是教育思想的领导,其次才是行政的领导"。他指出,一个好校长必先是一个好教师。因此,他本人始终兼教一门语文课,常年做班主任工作,并天天坚持听其他教师的课。他说:"如果我每天不听两节,就算我这一天什么也没做。""如果今天去区里开会,明天就得补上,听四节课……如果我在一年中没有听过一位教师的至少 15 至 20 节课,我就会对他毫无了解。"他把听课和分析课当作校长的重要工作和滋养自己思想的源泉。他十分重视学校的思想教育。为了做好这项工作,他带动和组织教师全面了解研究儿童,定期举办研讨会,就某个学生的情况实行教育会诊。他本人亲自搞调查、作记录,深入研究了 178 名"最难教育的"学生曲折成长的过程,试办了一个 6 岁入学的预备班"快乐学校",从预备班到一年级,再连续跟到十年级,一直担任该班的班主任,跟踪观察和研究在不同时期的表现,提出了相应的教育措施。

2. 关于学生管理

苏霍姆林斯基对学生的管理主要是抓住开发智力,培养能力这个"主要杠杆"。他认为这是一个非常实际又迫待解决的问题。为此,他和他的同事们花了十几年的时间,结合语文教学,摸索出一套符合教学过程逻辑的,旨在培养和提高学生能力的"基本技能体系"听、说、读、写 12 项基本功。

3. 关于教师管理

苏霍姆林斯基认为,要办好一所学校,没有一支优秀的教师队伍是不行的。作为学校领导,应该关心爱护教师,尽量减轻教师的负担。他说:"教师要精力充沛地工作,就需要休息;要提高教学质量,就需要有自由时间,以供读书和研究。自由支配时间是根,它滋润着教育艺术的枝和叶。"他对学校里的每一名教师都了如指掌,做到知人善任,用其所长。要求教师努力提高教育素养,包括:精通自己所教学科的内容;懂得心理学、教育学和教学法等教育科学知识;有较高的培养和工作激情。三者不可偏废。他是这样说的,更是这样做的,因此,被人尊称为"教师的教师"是当之无愧的。

4. 关于学年总结

苏霍姆林斯基把总结工作这件人们习以为常的事当作是把握教育规律的一个重要环节。反对校长自己不动手而分派别人东拼西凑,然后加以"剪辑"的做法,也反对平时不注意积累素材,到年末临时搞突击的做法。提倡校长亲自动手,每天每周都要记事,及时整理,不断分析研究,直到得出概括性的结论,并征求大家的建议或意见。他认为,总结不应刻板公式化,年复一年一个模式,好的总结应该既是全体教师一年创造性劳动的概括,又是下一年工作的方向和借鉴。

(四) 简要评价

苏霍姆林斯基的教育经验与理论著作是一个庞大的体系。在他一生长期的教育实践中,既当校长,又当普通教师;既教课,又当班主任;既做具体工作,又搞科学研究。他是一位勤奋务实,笔耕不辍的杰出人物。这就使得他能从学校工作的不同侧面、不同角度全面地观察、了解研究有关学校教育、教学和管理的各种现象和问题,避免理论与实践中的片面性,及时总结经验教训,将其提升到理性的高度,逐步形成自己较为完整的教育思想体系。

苏霍姆林斯基具有执着的教育信念和顽强的工作作风。自从 1948 年被任命为帕夫雷什学校校长后，他的教育才华就愈益明显地展示出来。到 50 年代中期以后，他已成为一名成熟的教育家，活跃在苏联教育界。他的工作富有鲜明的独创性和革新精神，从不拘泥于传统的陋习，紧紧把握时代发展的脉搏。如他敢公开指出 30 年代苏共中央发动的对"儿童学的批判有过火之处，批判的结果是把孩子和洗澡水一起泼掉了"，从而导致苏联 30 至 40 年代直至凯洛夫①教育学的严重错误。又如，1955 年以前的一段时间内，苏联普通学校一度完全取消了劳动课，而他主持的帕夫雷什学校却从未间断过。不仅如此，学生毕业时，既领取毕业证书，还领取职业证书。

苏霍姆林斯基伟大、光辉的一生给我们的最大启示是，教育理论工作者应深入教育教学第一线，做深入细致的研究工作；教育工作者除了搞好日常工作之外，也时刻不应忘记肩负的理论研究使命。真正的教育家是教育理论家与教育实践家的完美结合。

【讨论与研究】

1. 简述苏霍姆林斯基的全面和谐发展的教育思想。

2. 阅读下面的材料，并回答问题。

材料：

苏联教育家苏霍姆林斯基在《给教师的一百条建议》的第一条中，曾提出如下忠告：如果你的"本性"孤僻、沉默寡言，更多地愿意独处或与少数朋友交往，如果和人多的集体交往让你头痛，如果你感到工作时独自一人或两个朋友一起比和一大批人在一起好，那就不要选择教师工作作为自己的职业。

---

① 凯洛夫（1893—1978），苏联著名教育家，20 世纪四五十年代苏维埃教育学的代表人物之一。他的教育思想和教育主张，集中体现在他所主编的《教育学》一书中，该书是人类教育史上第一次试图用马列主义观点，阐述社会主义教育学理论的专著，对新中国的教育事业曾产生过很大影响。

问题：

结合所给材料，论述教师职业劳动中人际关系的特殊性及其对教师个性品质的特殊要求。

✎测试与答案

参考文献

[1] 鲍建竹. 领导干部国学读本:《论语》. 北京：当代世界出版社,2007.

[2] 毕诚. 中外教育名著评价(第二卷). 济南：山东教育出版社,1992.

[3] 杜威. 民主主义与教育. 王承绪,译. 北京：人民教育出版社,1990.

[4] 弗拉纳根. 最伟大的教育家：从苏格拉底到杜威. 卢立涛,安传达,译. 上海：华东师范大学出版社,2009.

[5] 龚贤.《论语》今读. 北京：中央编译出版社,2011.

[6] 赫尔巴特. 普通教育学·教育学讲授纲要. 李其龙,译. 北京：人民教育出版社,1989.

[7] 孔子. 论语. 陈国庆,王翼成,注评. 西安：陕西人民出版社,2006.

[8] 夸美纽斯. 大教学论. 傅任敢,译. 北京：教育科学出版社,1999.

[9] 李明德,金锵. 教育名著评介(外国卷). 福州：福建教育出版社,1992.

[10] 李绪坤.《学记》解读. 济南：齐鲁书社,2008.

[11] 刘新科,栗洪武. 中外教育名著选读. 北京：中国人民大学出版社,2008.

[12] 卢梭. 爱弥儿——论教育. 李平沤,译. 北京：人民教育出版社,1985.

［13］乔建中. 中外教育经典名著速读. 南京：南京师范大学出版社，2004.

［14］苏霍姆林斯基. 给教师的建议（修订本全一册）. 杜殿坤，编译. 北京：教育科学出版社，1984.

［15］单中惠，杨汉麟. 西方教育学名著提要. 南昌：江西人民出版社，2000.

［16］单中惠，朱镜人. 外国教育经典解读. 上海：上海教育出版社，2004.

［17］杨伯峻，杨逢彬. 论语（国学基本丛书）. 长沙：岳麓书社，2000.

［18］田正平，肖朗. 中国教育经典解读. 上海：上海教育出版社，2005.

［19］姚伟. 中外幼儿教育名著解读. 南京：南京师范大学出版社，2007.

［20］周洪宇. 陶行知画传. 济南：山东教育出版社，2011.

［21］朱志仁，徐志辉. 陶行知生活教育理论简明教程. 长春：东北师范大学出版社，2006.